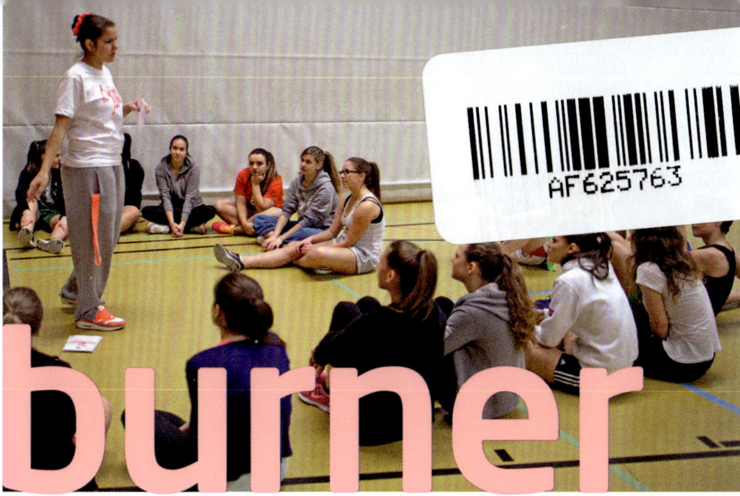

burner games revolution

Neue Ideen
für heiße
Spielstunden

Vorwort

Bereits steht der dritte Burner-Band am Start – voll mit neuen, spannenden Spielideen. Die kompetitiven, aber sehr integrativen «Burner Games» interpretieren die traditionellen kleinen Spiele ganz neu.

Niemand scheidet aus, jeder hat eine Aufgabe und erlebt die volle Spielfreude. Für ambitioniertere und talentiertere Spielende gibt's auch stets mehr Verantwortung und/ oder knifflige Zusatzaufgaben zu bewältigen. So trainiert jeder auf seinem eigenen Level Geschicklichkeit, Reaktionsfähigkeit, Ausdauer und Kraft – und alle erleben gemeinsam Spaß und Spannung.

Die Burner Games sind einfach zu instruieren und zu leiten. Es ist kein langes Regelstudium nötig – ein Blick ins Buch reicht, und schon hat man ein neues, tolles Spielerlebnis vorbereitet.

Bei den vielfältigen Team-Spielen lernen die Kinder und Jugendlichen auch selbständig Spielprozesse in Gang zu halten, sich fair zu verhalten und allenfalls Konflikte zu bewältigen. Sie lernen, sich miteinander für etwas einzusetzen und haben gemeinsam Erfolgserlebnisse. Das bindet – aneinander und an den Sport!

Alle Spiele sind praxiserprobt. Der Einfachheit halber wurde in diesem Buch oft nur die männliche Schreibweise verwendet. Selbstverständlich gelten alle Informationen für beide Geschlechter.

Viel Vergnügen und spannende «Burner»-Momente!

Muriel Sutter

Einleitung

Die richtige Wahl
Je nach Klasse, Situation und Tageszeit ist das eine Spiel geeigneter als das andere. Deshalb gibt es eine Einteilung in drei Bereiche: Kennenlern- und Kommunikationsspiele, Aufwärmspiele und Intensivspiele. Ferner ist jedes Spiel mit 1–3 Flammensymbolen grafisch kurz charakterisiert, damit man auf einen Blick Intensität, Material- und Zeitaufwand erkennen kann.

Burner – Kommunikations- und Kennenlernspiele
Diese Spiele eignen sich nicht nur für Lektionseinstiege. Sie wecken die «Lebensgeister» und sind tolle «Eisbrecher» in neuen Lerngruppen. Sie sind körperlich nicht sehr intensiv und können daher auch im Alltagskontext gespielt werden, wie z. B. im Schulzimmer, auf dem Pausenplatz, im Lager oder in der Projektwoche.

Burner – Aufwärmspiele
Hier werden Kopf und Muskulatur sofort auf Trab gebracht. Diese Sammlung bietet erprobte Lieblings-Aufwärmspiele.

Burner – Intensivspiele
In diesem Kapitel wird wirklich Vollgas gegeben. Fantasievolles Rollenspiel hat ebenso Platz wie wilde Jagd und körperbetonter Kampf. Go for it!

Viel Spaß mit den neuen Burner Games!

Muriel Sutter

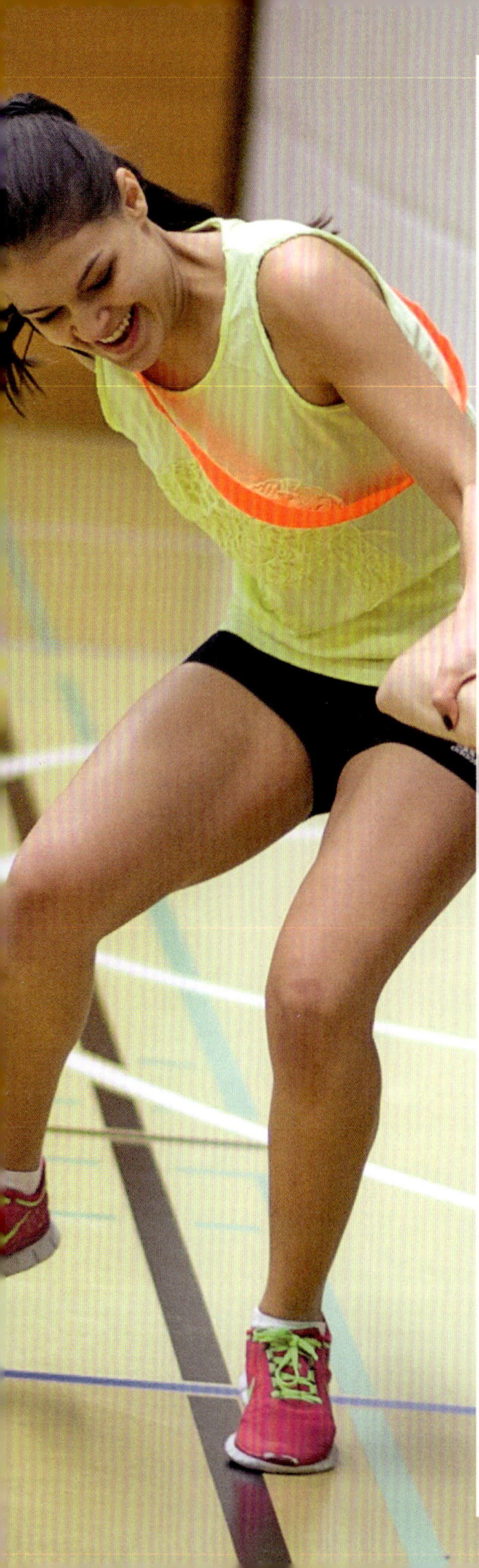

Inhalt

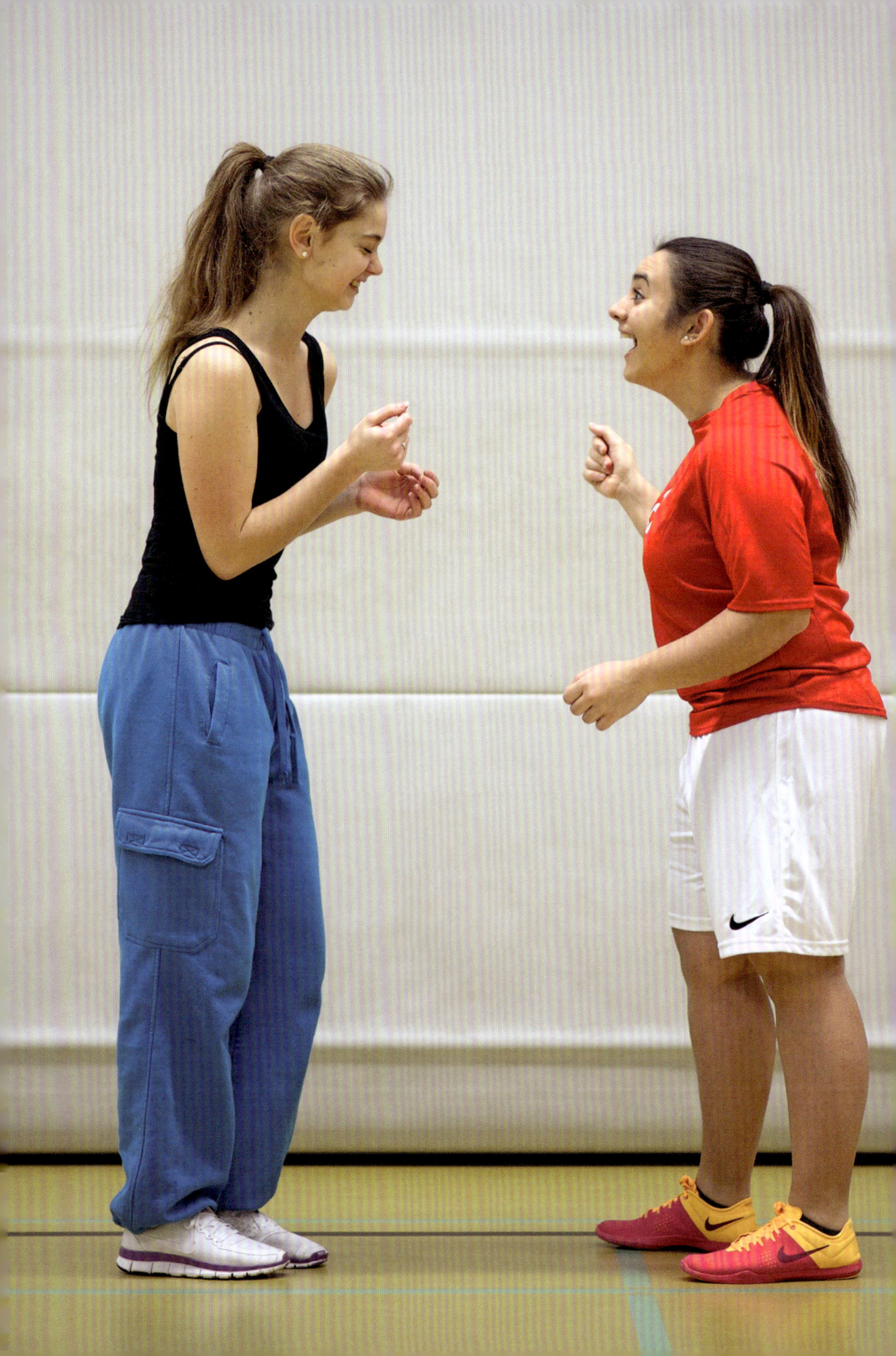

Kommunikations- & Kennenlernspiele

**Wilde Klatschtelefon-Runden und rasende Fließbänder bringen Sie nicht mehr aus der Ruhe? Hier wartet die nächste Herausforderung:
Neue kleine Spielideen für gelungene Lektionseinstiege und bewegte Pausen.**

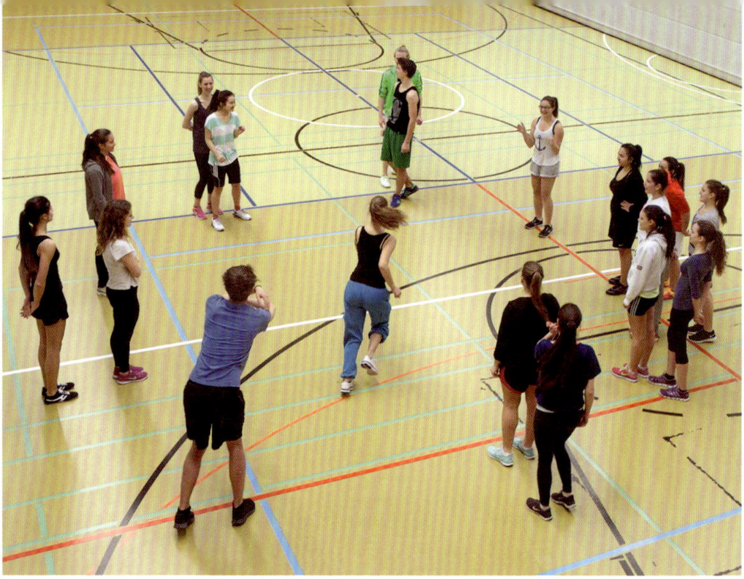

Action-Foto
Friendscout

Kommunikations- & Kennenlernspiele

Friendscout
Anzahl: 16–30 Personen

Alle Spielenden stellen sich in 2er-Gruppen im Kreis auf (s. Bild). Abstand zwischen Innen- und Außenspieler ist ein halber Meter. Die Außenspieler haben die Hände hinter dem Rücken. 1 Spieler ist Single. Der Single blinzelt einem beliebigen Spielenden im Innenkreis zu. Dieser muss versuchen, zu ihm zu laufen. Der Spieler hinter ihm muss versuchen, ihn zurückzuhalten. Erwischt er ihn, muss dieser beim Partner bleiben. Gelingt die Flucht, stellt sich der Geflüchtete hinter den Single und der verlassene Partner ist der neue Single.

Variante

- Der Single ruft unvermittelt den Namen eines Spielenden.
- Mit 2 Singles spielen.

Intensität:
Materialaufwand:
Zeitaufwand:

Es braucht

- Nichts!

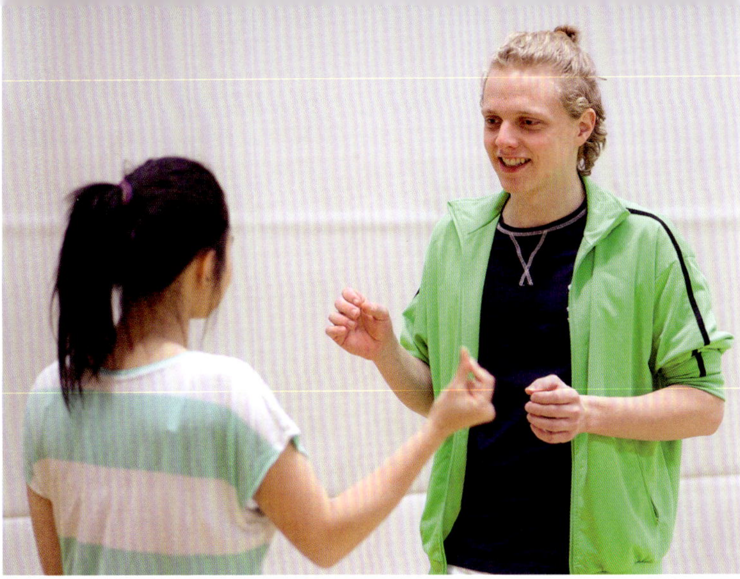

1-2-3
Anzahl: Beliebig

In Zweiergruppen wird immer abwechselnd von eins bis drei gezählt. Das Tempo wird immer mehr gesteigert, bis einer der Spielenden einen Fehler macht.

Varianten
- Anstatt «2» zu sagen, wird geklatscht.
- Anstatt «3» zu sagen, wird geschnippt.
- Es wird eine Kombination der ersten beiden Varianten ausprobiert.
- Es wird mit verschiedenen Wörtern, Zahlen und Körperbewegungen experimentiert. Auch Fremdsprachen und Handzeichen sind erlaubt!
- Als Wettkampf: Wenn der Gegner einen Fehler macht, erhält man einen Punkt. Erreicht ein Spielender 3 Punkte, muss der Gegner eine Fitnessaufgabe ausführen.

Intensität:
Materialaufwand:
Zeitaufwand:

Es braucht
- Nichts!

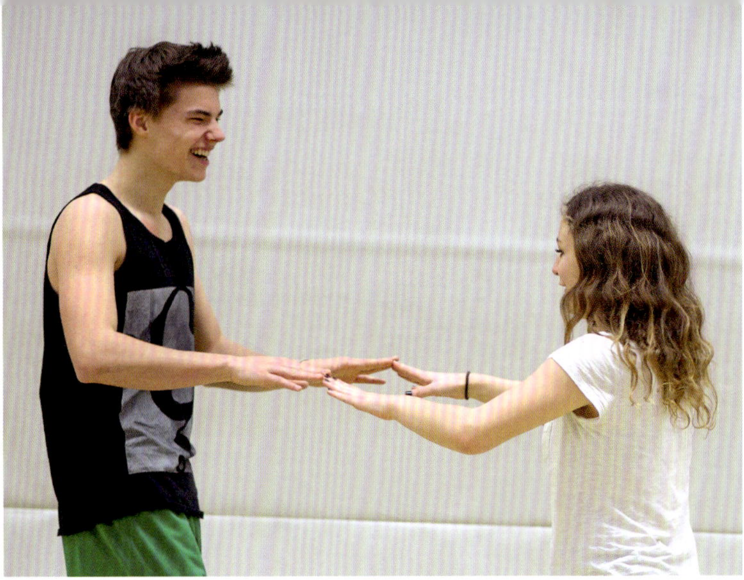

Action-Foto Flirty Slapping Reloaded

Kommunikations- & Kennenlernspiele

Flirty Slapping
Anzahl: beliebig

Es werden 2er-Gruppen gebildet, die Spielenden legen die Fingerspitzen gegeneinander (Handrücken nach oben). A dirigiert B in eine beliebige Richtung, B muss diese erspüren und folgen. Dazwischen darf A immer wieder den Kontakt der Finger lösen und versuchen, B auf die Finger zu schlagen. So lange A trifft, bleibt er der Führende. Gelingt es B, auszuweichen, wechseln die Rollen. Die Rollen wechseln auch, wenn B auf eine Wand oder einen anderen Spielenden aufläuft. Nach 2–3 Minuten werden die Partner gewechselt.

Variante

- Der Spielleiter initiiert in regelmäßigen Abständen zwingende Wechsel. Das verhindert, dass schwächere Spieler ständig in der Ausweichposition bleiben.

Intensität:
Materialaufwand:
Zeitaufwand:

Es braucht

- Nichts!

Flirty Slapping Reloaded
Anzahl: beliebig

A darf B kurze, einfache Fragen stellen. B muss sofort antworten, gleichzeitig in die vorgegebene Richtung marschieren und den Schlägen ausweichen. Achtung: Man MUSS die Wahrheit sagen. Jeder Spieler hat aber pro Spielrunde 2 Joker-Antworten gut, falls eine allzu unangenehme Frage kommt.

Achtung!
- Beim ersten Mal unbedingt mit zwingenden Wechseln spielen, das verhindert Fragen «unter der Gürtellinie».

Intensität:
Materialaufwand:
Zeitaufwand:

Es braucht
- Nichts!

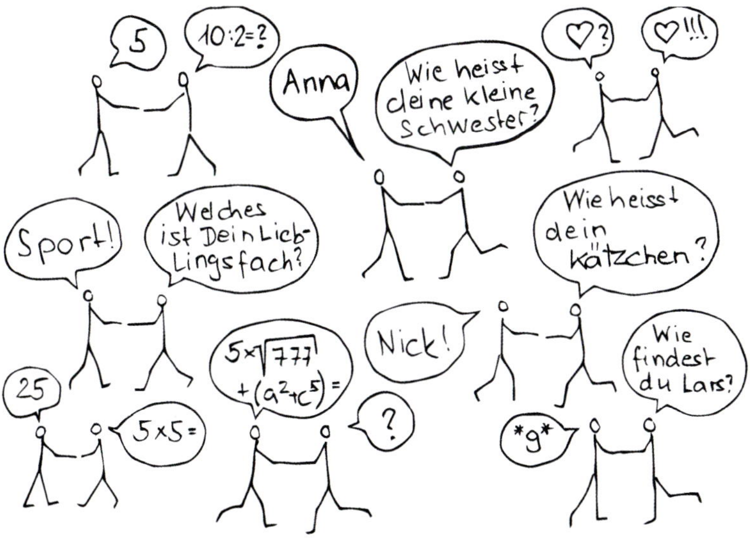

Skizze Flirty Slapping Reloaded

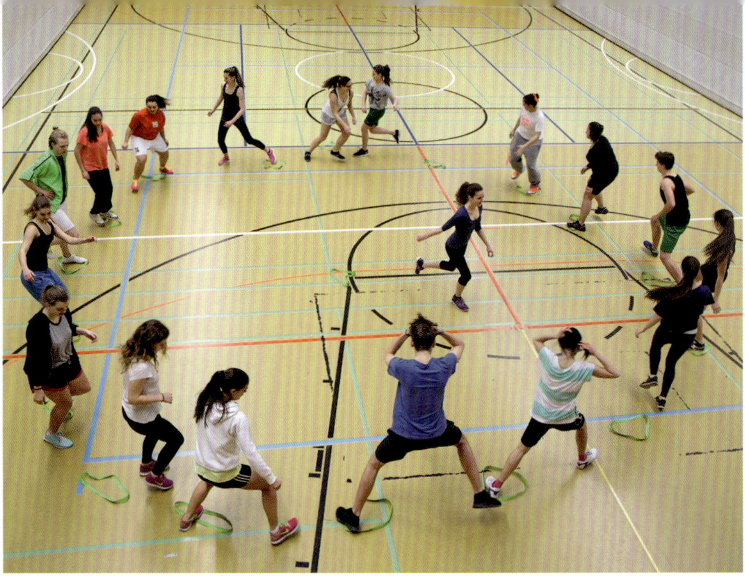

Action-Foto Tick Tack Peng!

Kommunikations- & Kennenlernspiele

Tick Tack Peng!
Anzahl: 10–30 Personen

Alle Spielenden stehen auf einem Floorpad im Kreis, einer ist in der Mitte. Wenn dieser zu einem Außenspieler «Tick» sagt, dann müssen alle ein neues Pad suchen. Sagt er «Tack», so müssen die Spielenden links und rechts von der angesprochenen Person Plätze tauschen. Bei «Peng» müssen alle erst eine Wand berühren, ehe sie die Plätze wechseln. A macht mit und versucht, einen der freien Pads zu erwischen. Wer keinen Pad erwischt, wird neuer Mitte-Spieler.

Varianten

- Bei «Ja!» wechseln nur die Personen mit blonden Haaren den Platz.
- Bei «Nein!» jene mit dunklen Haaren.
- Bei «Style!» wechseln die Personen mit lackierten Fingernägeln.
- Bei «Fame!» wechseln jene mit Trägertops.
- Bei «Chill!» wechseln die Personen mit langen Sporthosen.
- Bei «Party!» muss sich jeder erst dreimal um sich selber drehen, ehe er/sie einen neuen Platz sucht.
- Den verschiedenen Floorpads-Farben werden Tiergattungen zugeordnet (Fisch/Vogel/Säugetier). Wird ein Tier ausgerufen, wechseln nur jene, die auf der jeweiligen Farbe stehen, den Platz.

Intensität:
Materialaufwand:
Zeitaufwand:

Es braucht

- Floorpads (für Variante 7 in 3 Farben)

Fruchtsalat
Anzahl: 12–24 Personen

Alle Spielenden stellen sich in einem Kreis auf. Ein Apfel (pinker Ball) wird im Uhrzeigersinn von einer Person zur nächsten weiter gereicht. Nach 1 Minute wird das Spiel gestoppt – alle Spielenden müssen die Plätze tauschen. Nun wird der «Apfel» wieder herumgepasst – man muss aber immer noch dieselbe Person anspielen!
Nach einer weiteren Minute kommt eine «Banane» (gelber Softball) hinzu. Diese wird im Gegenuhrzeigersinn herumgereicht (während der rote Ball weiter gepasst wird!). Nach einer weiteren Minute werden wieder die Plätze getauscht. Jeder Ball bleibt aber in der vorgegebenen Passfolge. Bei Bedarf können beliebig viele weitere Bälle ins Spiel eingebracht werden.

Varianten
- Der «Apfel» wird mit dem Fuß gespielt.
- Der «Kiwi» (= zusätzlicher grüner Ball) wird mit Bodenpass gespielt.

Intensität:
Materialaufwand:
Zeitaufwand:

Es braucht
- 3–4 weiche Bälle in verschiedenen Farben

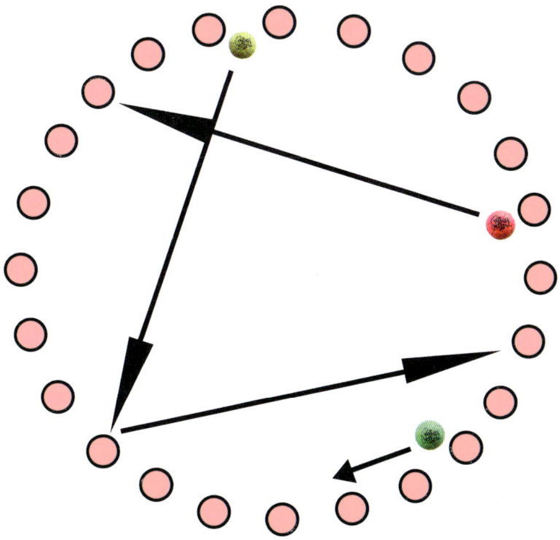

Organisationsskizze Fruchtsalat

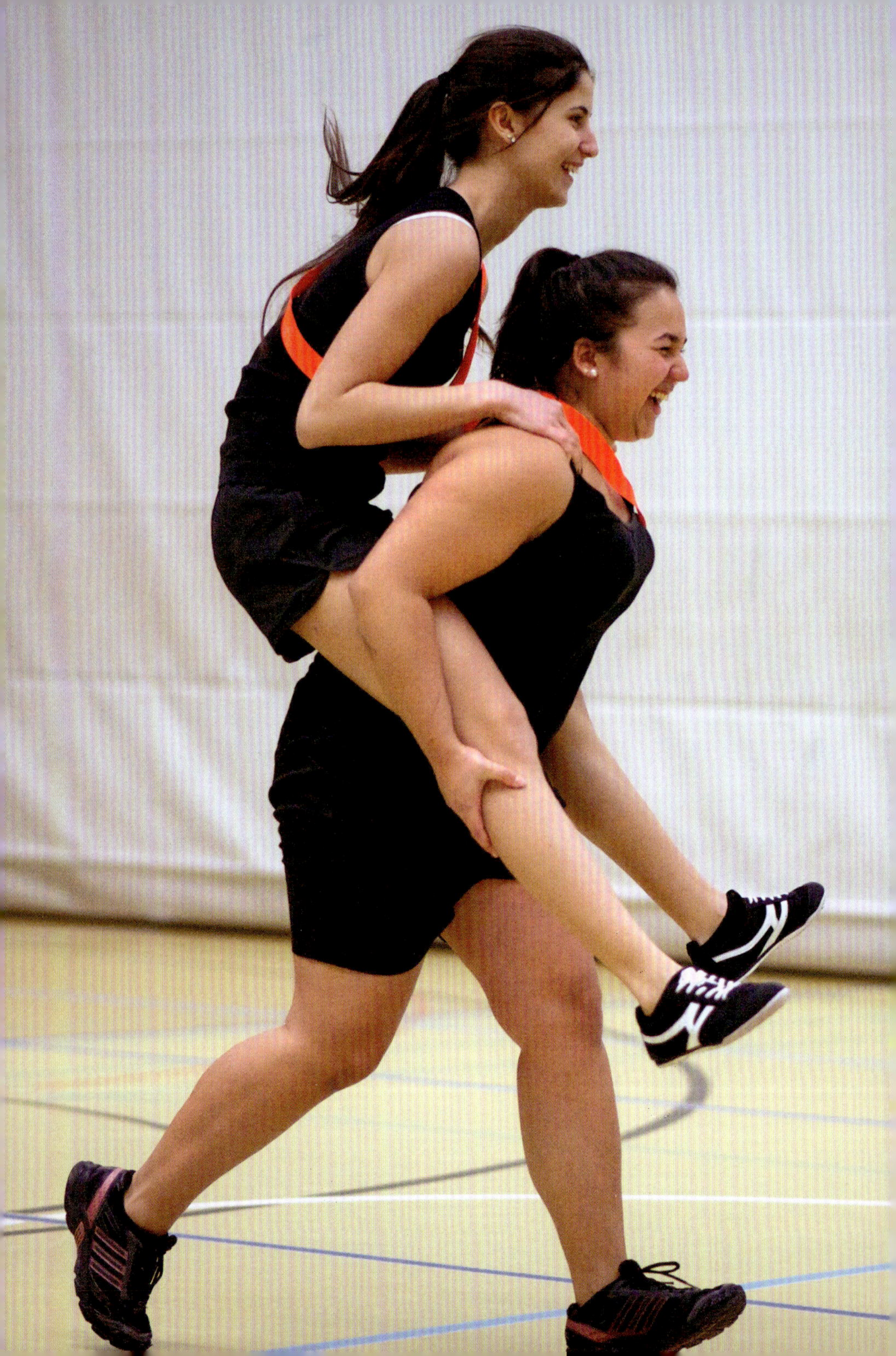

Aufwärmspiele

Aufwärmen ist lästig und langweilig – es sei denn, man hat ein cooles Spiel am Start. Hier sind die neuesten Aufwärm-Burners!

Aufwärmspiele

Sig Sag Sug-Rennen
Anzahl: 15–39 Personen

Die Spielenden verteilen sich in 3er-Gruppen im großen Mittelkreis. Nun wird «Sig Sag Sug» (Anleitung S. 54) gespielt. Wer allein bleibt, muss flüchten, die beiden anderen jagen. Schafft es der Flüchtende, eine Längswand zu berühren, ohne erwischt zu werden, erhält er einen Punkt. Schafft es ein Jäger, ihn vorher zu berühren, erhält der erfolgreiche Jäger einen Punkt. Dann besammeln sich die drei wieder und das Spiel beginnt von Neuem. Wer schafft am meisten Punkte in 3 Minuten?

Variante

- Bleibt die Mehrheit der Füße in der Mitte, muss der Flüchtende 2 Wände anlaufen. Zieht die Mehrheit zurück, muss der Flüchtende eine Wand berühren und wieder den Mittelkreis erreichen.

Intensität:
Materialaufwand:
Zeitaufwand:

Es braucht

- Nichts!

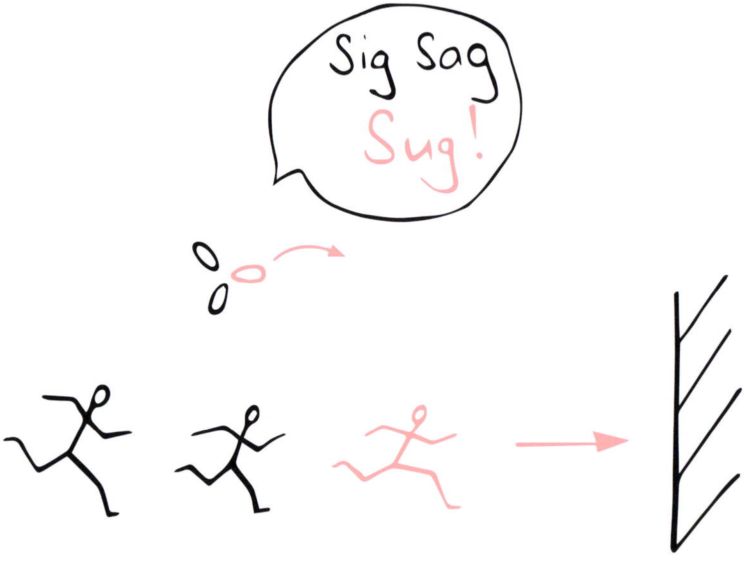

Skizze Sig Sag Sug-Rennen

Tabu-Stafette
Anzahl: 16–40 Personen

Es werden Teams à 4–5 Personen eingeteilt. Für jedes Team wird ein Stapel Kärtchen mit einfachen Begriffen ans Ziel-Mal gelegt. Auf Signal des Spielleitenden laufen die ersten Spielenden jeder Kolonne zu ihrem Stapel und ziehen die erste Karte. Der gezogene Begriff muss mit Pantomime dargestellt werden, bis die Mitspieler diesen erraten. Dann läuft der Spieler zurück zur Kolonne und klatscht den nächsten ab. Erratene Karten werden mitgenommen und neben das Startmal gelegt. Nach 4 Minuten ist das Spiel zu Ende. Welches Team hat am meisten Kärtchen geschafft? Empfohlene Laufdistanz: 10 m.

Variante
- Mit Namen von bekannten Persönlichkeiten spielen.
- Geräusche erlauben.
- Wird ein Begriff innerhalb 30 Sekunden nicht erraten, muss der Läufer die Stirnwand berühren, ehe er zur Gruppe zurückkehrt.

Intensität: ⚡⚡
Materialaufwand: ⚡
Zeitaufwand: ⚡

Es braucht
- Kärtchen mit Begriffen
- 1 Floorpad pro Gruppe

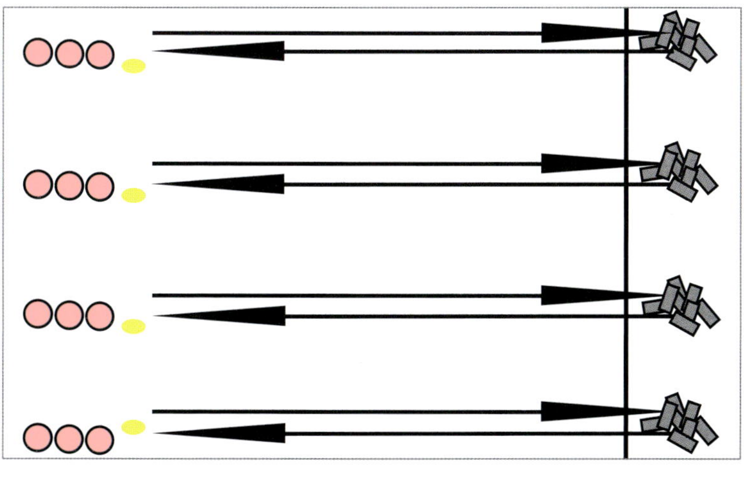

Organisationsskizze Tabu-Stafette

Aufwärmspiele

Cinderella Run
Anzahl: 12–30 Personen

Alle ziehen ihre Schuhe aus. Die Schuhe werden in einen Ballwagen gelegt und gut gemischt. Dann wird die Klasse in 4 Teams eingeteilt, die sich wie beim Sale Competiton (Skizze S. 17) in allen 4 Ecken der Halle aufstellen. Auf Signal des Spielleiters läuft der erste Spieler von jedem Team zum Ballwagen (Hallenmitte), wo er einen seiner Schuhe finden muss. Beim Wühlen darf gerauft werden! Sobald man einen Schuh gefunden hat, läuft man zurück zur eigenen Gruppe und klatscht den nächsten Läufer ab. Welches Team hat am schnellsten alle Schuhe wiedergefunden und angezogen?

Variante

- Anstelle von Schuhen stellt jeder Spielende 2–7 andere persönliche Gegenstände. Je mehr Sachen, desto mehr Gewühl und Spaß!

Intensität:
Materialaufwand:
Zeitaufwand:

Es braucht

- 2–7 Gegenstände pro Spielenden
- 1 Matte pro Gruppe
- 1 Ballwagen

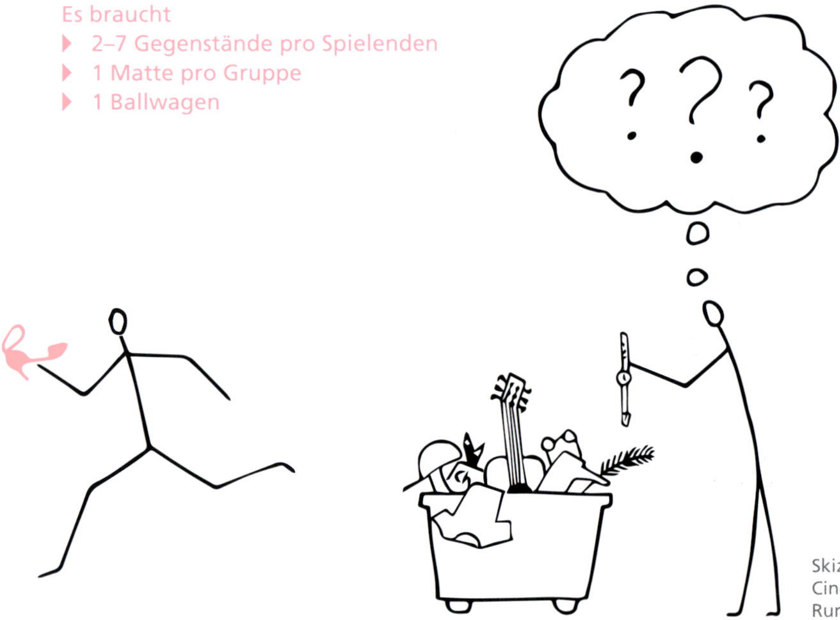

Skizze Cinderella Run

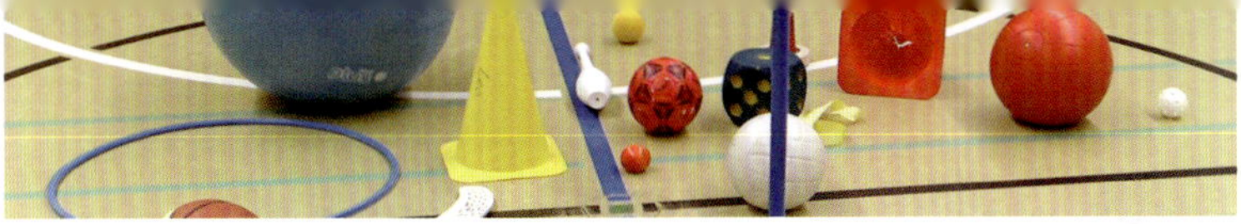

Sale Competition
Anzahl: 12–24 Personen

In allen Ecken der Halle werden Matten platziert. Es werden 4 Gruppen gebildet. Jeder Gruppe wird eine Objektfarbe zugeteilt, z. B. blau, rot, gelb und weiß. Die Gruppen suchen sich je 7 entsprechend farbige Objekte als «Waren» aus und legen diese auf den Wühltisch (Mittelkreis). Danach sammelt sich jede Gruppe auf ihrem Einkaufswagen. Auf Signal des Spielleiters läuft der erste Spieler jeder Gruppe los und holt eine Ware. Damit kehrt er zurück zum Einkaufswagen, klatscht den nächsten Spieler ab, usw. Ziel ist es, möglichst schnell alle Waren der eigenen Sorte in den Einkaufswagen zu bringen. Dabei darf man:

- Eigene Waren vom Wühltisch in den Einkaufskorb transportieren.
- Eigene Waren aus fremden Einkaufswagen holen.
- Fremde Waren vom Wühltisch holen.
- Fremde Waren aus fremden Einkaufskörben klauen.
- Keinen Körperkontakt einsetzen!

Intensität:
Materialaufwand:
Zeitaufwand:

Es braucht
- Objekte für den Wühltisch, 4 Matten, Spielbändel

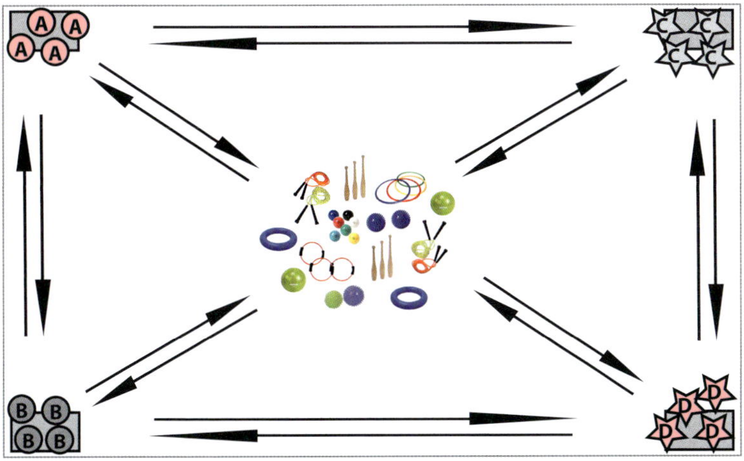

Organisationsskizze Sale Competition

Ameisenjagd
Anzahl: 12–30 Personen

Es werden 2 Teams gebildet (Menschen und Ameisen). Die Menschen erhalten 2–3 weiche Bälle. Auf Signal des Spielleiters versuchen die Menschen, möglichst schnell alle Ameisen abzuwerfen. Getroffene Ameisen joggen ums Feld, bis das Spiel zu Ende ist. Sobald es keine Ameisen mehr hat, wird die Zeit gestoppt. Dann erfolgt ein Rollenwechsel. Welches Menschenteam hat schneller den Garten von Ameisen befreit? Mit dem Ball sind 3 Schritte erlaubt.

Variante
- Jedes Team erhält einen Garten (Hallenhälfte), 4–6 Spielende pro Team agieren im gegnerischen Garten als Ameisen. Abgeworfene Ameisen wechseln als Menschen in den eigenen Garten zurück. Welches Team hat zuerst den Garten aufgeräumt?

Intensität: ≡ ≡ ≡
Materialaufwand: ≡
Zeitaufwand: ≡

Es braucht
- 2–3 Softbälle
- Spielbändel

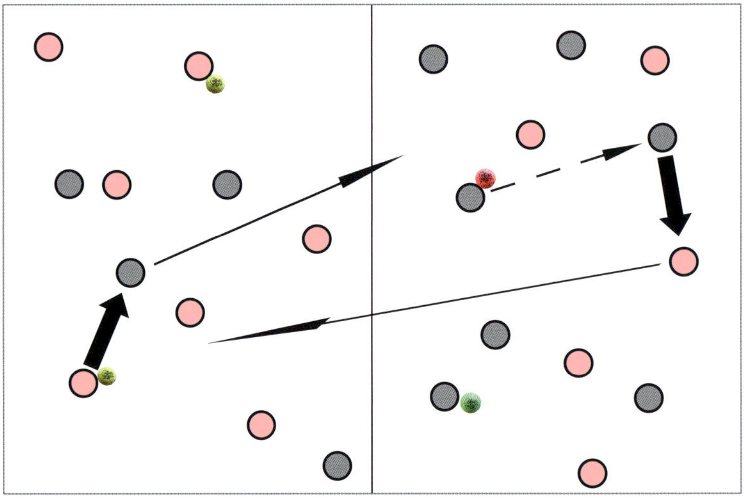

Organisationsskizze Ameisenjagd Variante

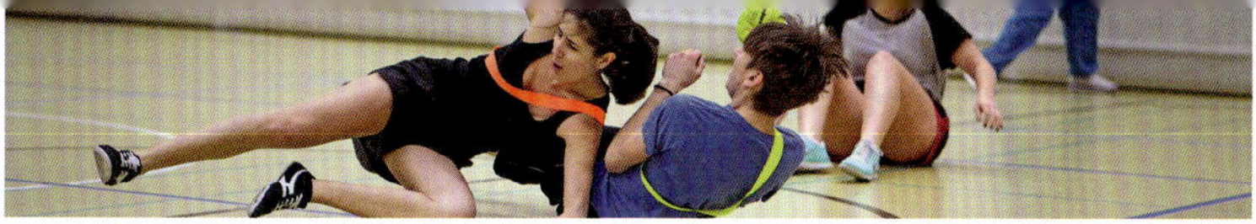

Sig Sag Sug-Sitzball
Anzahl: 18–30 Personen

Es wird Sitzball alle gegen alle gespielt (Anleitung S. 54). Wer getroffen wurde, verlässt das Feld und begibt sich in die Wartezone (Skizze). Sobald 3 Spieler sich dort eingefunden haben, wird «Sig Sag Sug» gespielt. Wer allein bleibt, darf zurück ins Feld, die anderen beiden warten in der Zone auf die nächsten abgeworfenen Spieler, und so weiter …

Variante
- Wer allein bleibt, bleibt draußen, die beiden anderen dürfen zurück ins Feld.
- Wer allein bleibt, darf direkt zurück ins Feld, die beiden anderen müssen zuvor 20 x Seilspringen oder eine Runde joggen.

Intensität: ≡ ≡ ≡
Materialaufwand: ≡
Zeitaufwand: ≡

Es braucht
- 6–8 Softbälle
- Floorpads zum Markieren der Wartezone
- Variante: 3–4 Springseile

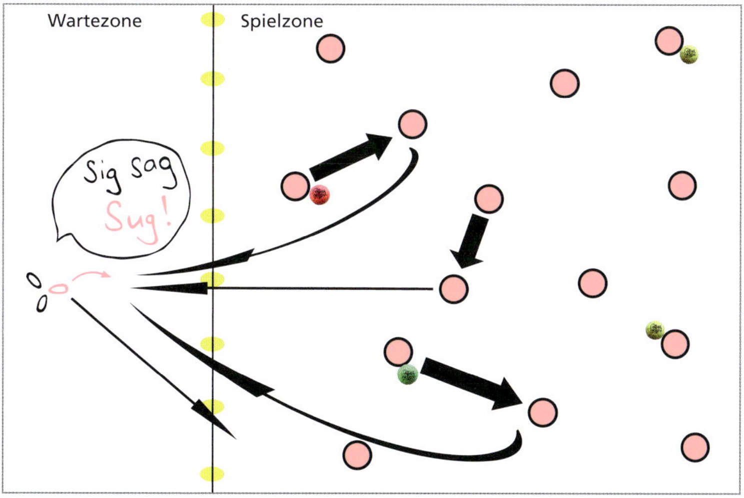

Organisationsskizze Sig Sag Sug-Sitzball

Bootcamp-Sitzball
Anzahl: 14–30 Personen

Jeder spielt gegen jeden. Mit dem Ball dürfen nur drei Schritte gelaufen werden. Wer getroffen wird, muss 10 x Seilspringen, dann darf er wieder ins Feld. Wird er wieder erwischt, muss er 20 x Seilspringen, dann 30 x, und so weiter.

Varianten

- Einen Hindernisparcours ums Feld herum errichten. Wer getroffen wird, muss diesen absolvieren. Bei jedem Abwurf verdoppelt sich die Anzahl Runden auf dem Parcours.
- In 3–4 Teams spielen. Die Teams dürfen sich die Bälle gegenseitig passen. Jedes Team, das keine Spieler mehr im Feld hat, scheidet aus und joggt Runden. Welches Team hält am längsten durch?

Intensität: ≋ ≋ ≋
Materialaufwand: ≋ ≋
Zeitaufwand: ≋ ≋

Es braucht

- Hindernisse für die Laufstrecke
- 6–8 weiche Bälle
- Spielbändel

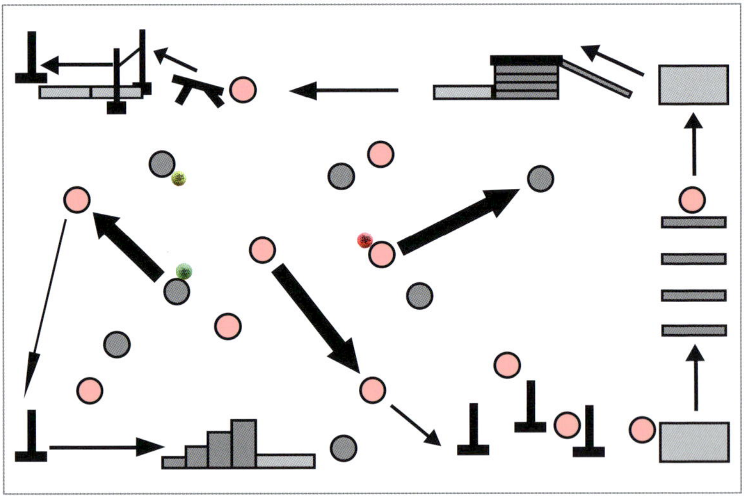

Organisationsskizze Bootcamp-Sitzball

Action-Foto Samariter-Sitzball

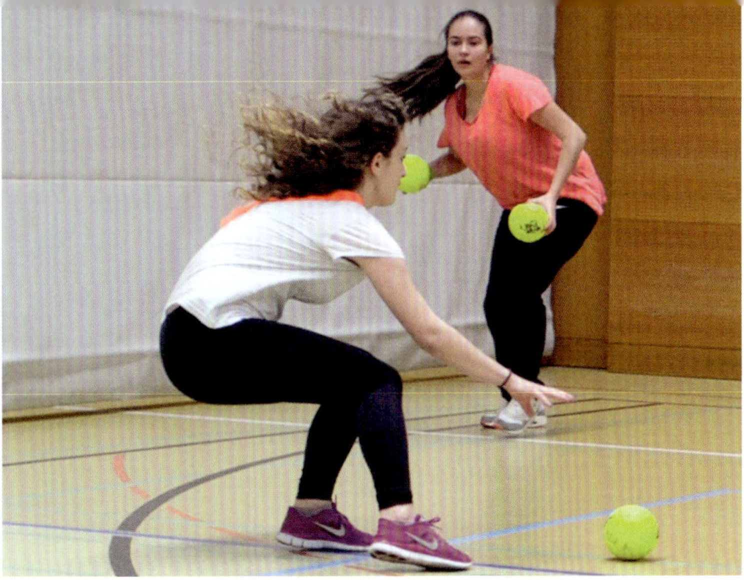

Samariter-Sitzball
Anzahl: 14–30 Personen

Es werden Gruppen à 3–4 Personen gebildet. Diese spielen zusammen. Wenn jemand getroffen wird, muss er sich innerhalb des Volleyballfelds auf den Bauch legen. Schafft es ein Teamkollege, ihn aus dem Volleyballfeld zu ziehen, ohne abgeworfen zu werden, ist er wieder erlöst. Sind alle Personen eines Teams abgeworfen, muss das ganze Team eine Strafrunde laufen, dann dürfen alle zurück ins Spiel.

Intensität: ≋ ≋ ≋
Materialaufwand: ≋
Zeitaufwand: ≋

Es braucht
- 6–8 weiche Bälle
- Spielbändel

Aufwärmspiele

Fangis-Stress
Anzahl: 12–30 Personen

Es werden 2 Teams gebildet. Spielfeld ist eine Hallenhälfte. Team A (grau) verteilt sich im Feld, Team B (orange) stellt sich am Feldrand in einer Reihe auf. Der Spielleiter erteilt das Startsignal und stoppt die Zeit. Der erste Spieler von Team B muss nun einen Spieler von Team A fangen. Dieser muss das Feld verlassen, der Fänger läuft zurück zur Kolonne und klatscht den nächsten Spieler ab, der wieder jemanden von Team A fängt, und so weiter. Wenn alle gefangen sind, wird die Zeit gestoppt, dann erfolgt ein Rollentausch. Welches Team ist schneller? Achtung: Spätestens nach 1 Min. signalisiert der Spielleiter einen Wechsel, auch wenn keiner gefangen wurde. Sonst droht Frust!

Variante

- 2–3 Fänger starten gleichzeitig. Jedesmal, wenn einer zurück ist, erfolgt ein fliegender Wechsel, bis das Feld leer ist.

Intensität:
Materialaufwand:
Zeitaufwand:

Es braucht

- Spielbändel

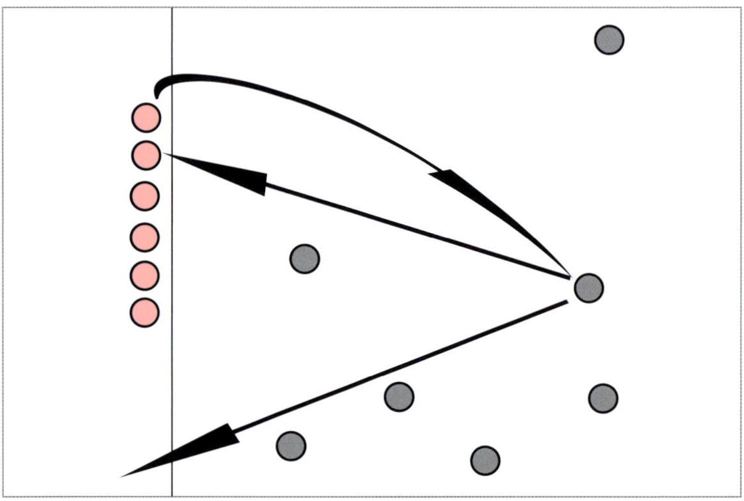

Organisationsskizze Fangis-Stress

Action-Foto
WC-Fangis

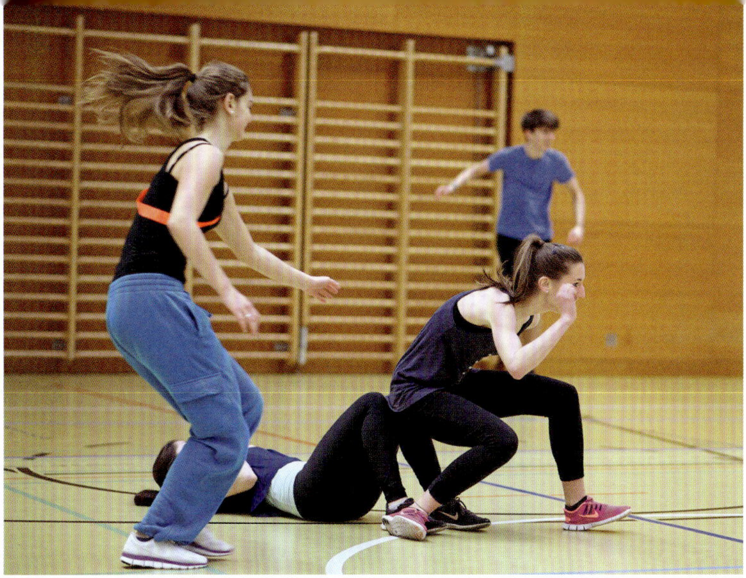

WC-Fangis
Anzahl: 16–30 Personen

Es werden 3–4 WC-Monster bestimmt und mit Spielbändeln markiert. Spielfeld ist die ganze Halle. Auf Signal des Spielleiters hin müssen die WC-Monster versuchen, innerhalb einer Minute alle übrigen Spielenden in Toiletten zu verwandeln (berühren). Gefangene Spieler legen sich auf den Boden und stellen die Beine auf. Sie können erlöst werden, indem sich ein Spieler auf deren Knie setzt und eine Spül-Pantomime ausführt (siehe Bild). Sind nach einer Minute noch flüchtende Menschen übrig, gewinnen die Menschen. Sind alle verwandelt, sind die Monster Sieger.

Intensität: ≋ ≋ ≋
Materialaufwand: ≋
Zeitaufwand: ≋

Es braucht
- Spielbändel

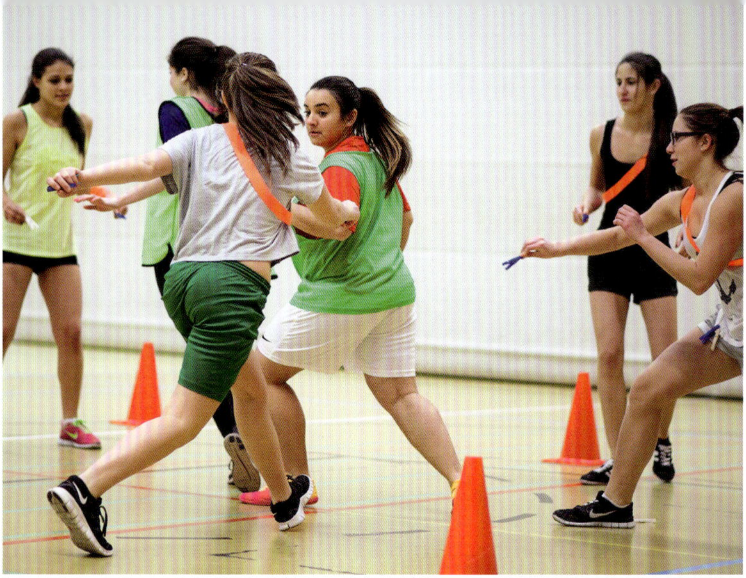

Action-Foto
Torero-Spiel

Aufwärmspiele

Torero-Spiel
Anzahl: 12–30 Spielende

2–3 Spielende werden als «Stiere» bestimmt und begeben sich in den großen Mittelkreis (Arena). Alle anderen Spielenden sind «Picadores», erhalten je 5 Wäscheklammern (Banderillos) und verteilen sich außerhalb der Arena. Auf Signal des Spielleiters hin dringen die Picadores in die Arena ein und versuchen, dem Stier die Banderillos anzupinnen (nur 1 auf einmal!). Wird ein Picador dabei von einem Stier berührt, muss er in ein Krankenhaus (dünne Matte anlaufen), bevor er den nächsten Versuch startet. Die Stiere dürfen bereits platzierte Banderillos nicht abschütteln/ abreißen und auch nicht Rücken gegen Rücken in der Mitte stehen. Wie viele Banderillos können die Picadores innerhalb von 4 Minuten platzieren?

Intensität: ≡ ≡ ≡
Materialaufwand: ≡
Zeitaufwand: ≡

Es braucht

- Wäscheklammern
- 10–15 Springseile
- Floorpads oder Hütchen
- 4 dünne Matten

Varianten

- Team Contest: Es werden Teams à 3–4 Spielende gebildet. Jedes Team bekommt eine eigene Klammernfarbe. Welches Team kann am meisten Banderillos in 3 Minuten platzieren?
- Stiere gegen Menschen: Schaffen es die Menschen, insgesamt 10 Banderillos innerhalb von 3 Minuten zu platzieren, müssen die Stiere 10 Liegestütze machen. Schaffen es die Stiere, dies zu verhindern, müssen die Menschen 10 Liegestütze machen.
- Macho Modus: Welcher Picador hat zuerst keine Banderillos mehr? (Zu Boden gefallene Banderillos müssen aufgehoben werden!)
- Stiere gegen Stiere: Die Picadores kämpfen gegen alle Stiere. Welcher Stier hat nach 3 Minuten am wenigsten Banderillos einkassiert?
- Matador-Marathon: Es wird in 2 Teams parallel auf 2 Feldern gespielt. Je 3–4 Spielende wechseln als «Stiere» die Seite. Nun wird 3 Min. gespielt – der Stiertrupp, der weniger Klammern einkassiert hat, dessen Team erhält einen Punkt. Dann wechseln die Stiertrupps zurück ins eigene Feld und die nächsten kommen an die Reihe, bis alle Spielenden einmal Stiere waren. Das Team mit mehr Punkten gewinnt.

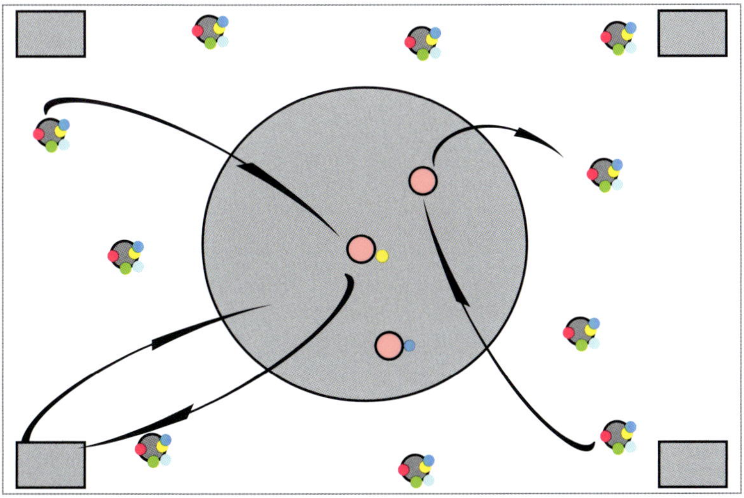

Organisationsskizze Torero-Spiel

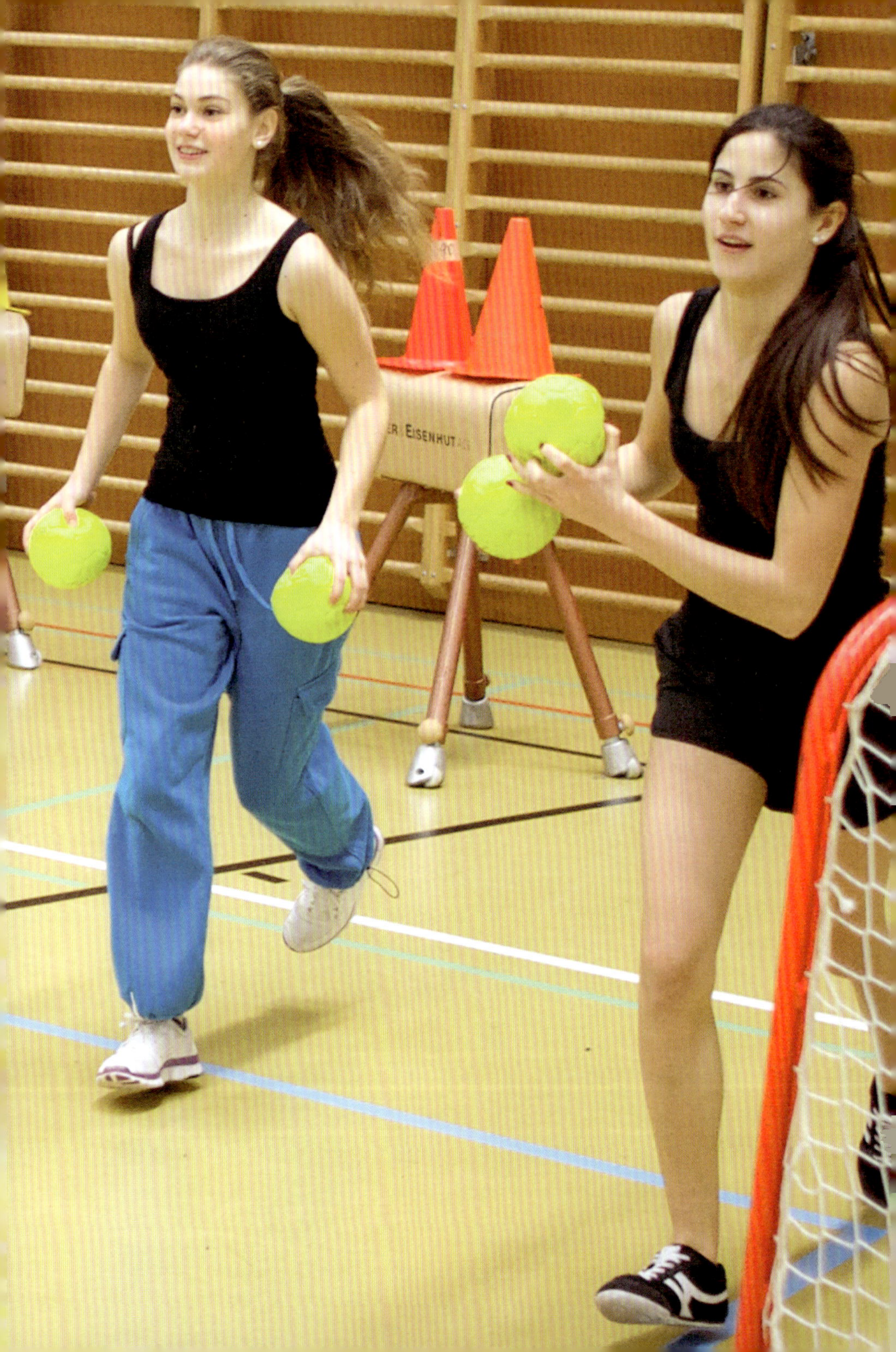
EISENHUT

Intensivspiele

Power. Action. Spaß! Die Serie 3 der attraktiven Vollgas-Spiele machen jede Spielstunde zum Highlight. Auf geht's!

Intensivspiele

Alien Attack
Anzahl: 18–30 Personen

Das Spielfeld wird in Zonen unterteilt (s. Skizze). Die «Menschen» (orange) bringen je zwei Bändel sichtbar im Hosenbund an und starten auf der Erde. Auf dem «Mars» steht ein Kübel mit Diamanten (Wäscheklammern). Im Universum dazwischen stehen die Aliens (grau, 1 pro Galaxie). Die Menschen versuchen nun, das Universum zu durchqueren. Die «Aliens» versuchen, den Menschen die Bändel abzunehmen. Wer es auf den Mars schafft, ohne einen Bändel zu verlieren, darf einen Diamanten aus dem Kübel nehmen. Die Rückkehr auf die Erde erfolgt via Milchstraße (Mattenbahn). Darauf kann man nicht attackiert werden. Wer keine Bändel mehr hat, läuft zu den «Aliens» über. Beim Jagen dürfen die Aliens ihre Galaxie nicht verlassen. Die neuen Aliens müssen sich auf die Galaxien verteilen. Sind alle Bändel gestohlen, ist das Spiel zu Ende. Der Mensch mit den meisten Diamanten gewinnt.

Intensität:
Materialaufwand:
Zeitaufwand:

Es braucht

- 1 Tüte Wäscheklammern, Spielbändel
- 8–10 dünne Matten

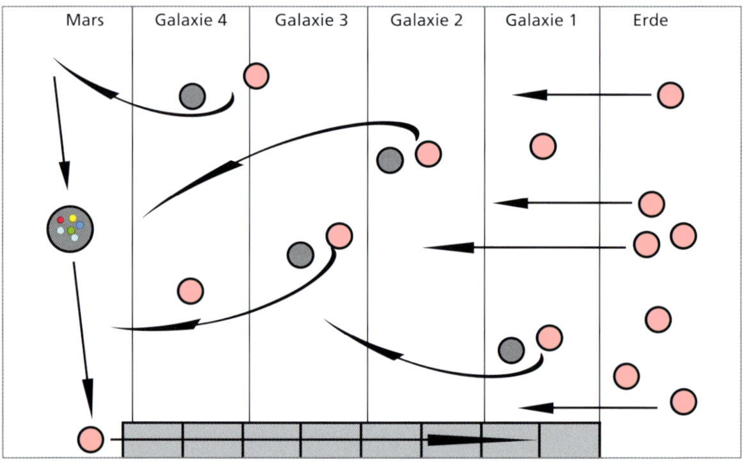

Organisationsskizze Alien Attack

Dschungelkönig

Anzahl: 16–30 Personen

4 Spielende beginnen als «King Kongs» am «Wasserloch», die anderen Spielenden stellen sich im «Dschungelcamp» auf. Nun versuchen die Menschen den Dschungel zu durchqueren. Um eine Person zu fangen, muss man sie 3 Sekunden komplett in der Höhe halten (kein Körperteil darf den Boden berühren!). Sich wehren ist erlaubt – schlagen, treten und kitzeln sind aber verboten. Tabu sind ferner Haare, Spielbändel und Kleidung. Die Campbewohner dürfen sich gegenseitig helfen. Wer gefangen wird, spielt in der nächsten Runde bei den «King Kongs» mit. Nach jeder Runde ziehen sich beide Parteien in ihre Lager zurück. Wer zuletzt übrig bleibt, wird Dschungelkönig!

Intensität: 3 von 3
Materialaufwand: 1 von 3
Zeitaufwand: 2 von 3

Es braucht
- Spielbändel

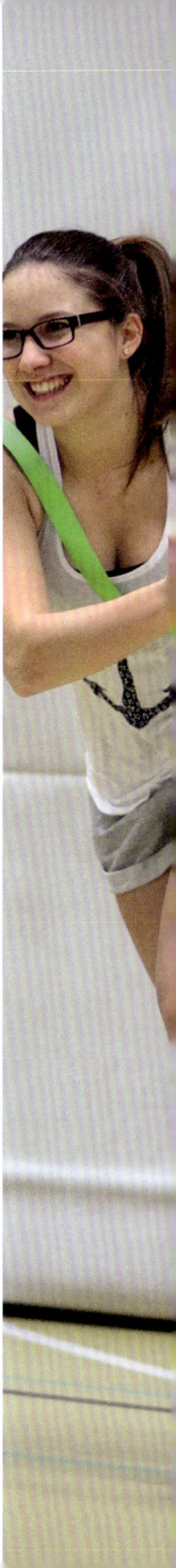

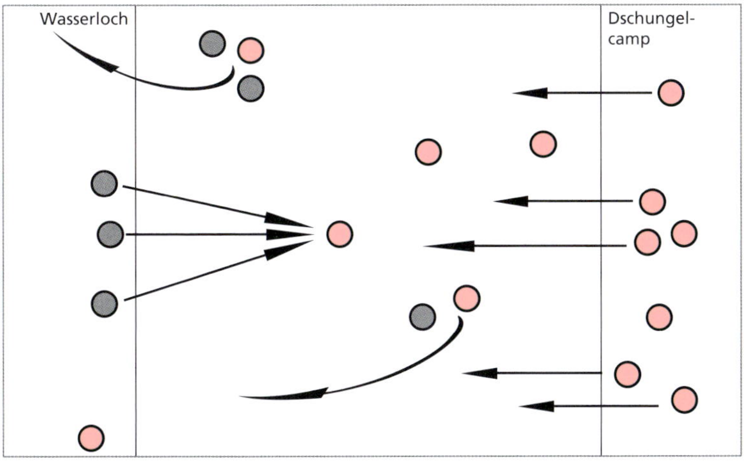

Organisationsskizze Dschungelkönig

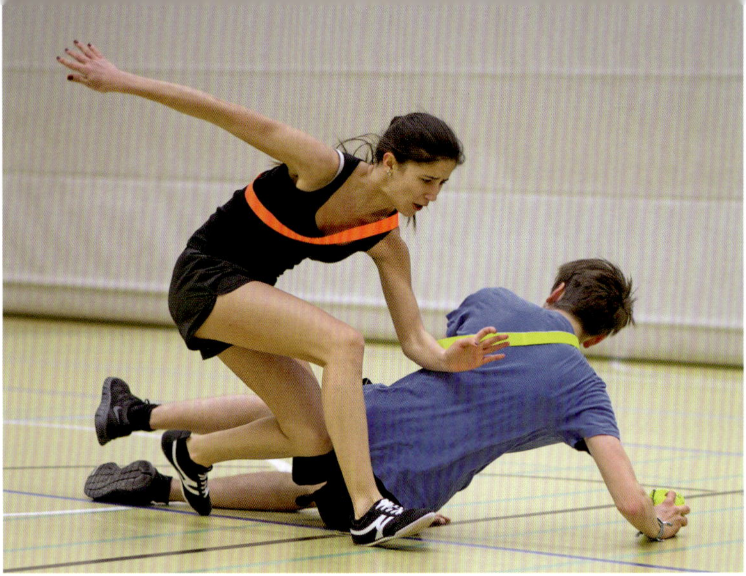

Action-Foto Bandenkrieg

Intensivspiele

Bandenkrieg
Anzahl: 18–30 Personen

Es werden zwei «Banden» gebildet und mit Spielbändeln markiert. Jede Bande (orange/graue Kreise) hat ein Hauptquartier (dicke Matte) mit einem Tresor (Eimer). In der Stadt (ganze Halle, s. Skizze Seite 31) hat es verschiedene Läden mit Waren (Gerätekonstruktionen, darin Eimer mit Objekten). 3–5 Spielende werden mit Überziehdress als Polizisten (Sterne) markiert.

Ferner gibt es in der Stadt 3–4 Safe Houses (dünne Matten), auf denen die Räuber sicher sind. Es ist aber nur 1 Räuber pro Safe House erlaubt. Kommt ein anderer (egal von welcher Bande), muss der vorhandene Räuber das Safe House verlassen. In einer Hallenecke befindet sich das Gefängnis (Kletterstangen).

Zu Spielbeginn sammeln sich die Räuberbanden in ihren Hauptquartieren, die Polizisten beim Gefängnis. Auf Signal des Spielleitenden versuchen beide Räuberbanden, möglichst viele Waren aus den Läden zu stehlen. Es darf nur eine Ware pro Räuber und Lauf befördert werden. Die Polizisten versuchen, die Räuber zu fangen.

Wird ein Räuber von einem Polizisten berührt, muss er ins Gefängnis. Die Räuber im Gefängnis halten ihre Hand durch die Stangen nach außen. Wird die Hand eines Gefangenen von einem freien Räuber (egal von welcher Bande) berührt, ist er befreit. Wird ein Räuber mit einer Ware gefangen, muss er diese zurücklegen und ins Gefängnis gehen. Welches Räuberteam stiehlt mehr Waren innerhalb 5 Minuten?

Varianten
- Objekte verschiedener Farben geben unterschiedlich viele Punkte.
- Für besonders wertvolle Waren werden die Läden so konstruiert, dass man zum Erlangen der Ware klettern oder springen muss (z. B. Mattentisch, Klettergerüst, Kastentreppe …).
- In 3–4 Räuberteams à 4–5 Personen spielen. Das Spiel ist zu Ende, sobald eine Räuberbande komplett im Gefängnis ist. So müssen sich die Banden auch gegenseitig helfen, damit sie länger Zeit zum Arbeiten haben.

Intensität:
Materialaufwand:
Zeitaufwand:

Es braucht
- 2 dicke Matten
- Kletterstangen
- 4–5 dünne Matten
- 2 leere Eimer
- Mehrere Eimer mit Kleingeräten
- Spielbändel
- Diverse Geräte zum Aufbau der Läden

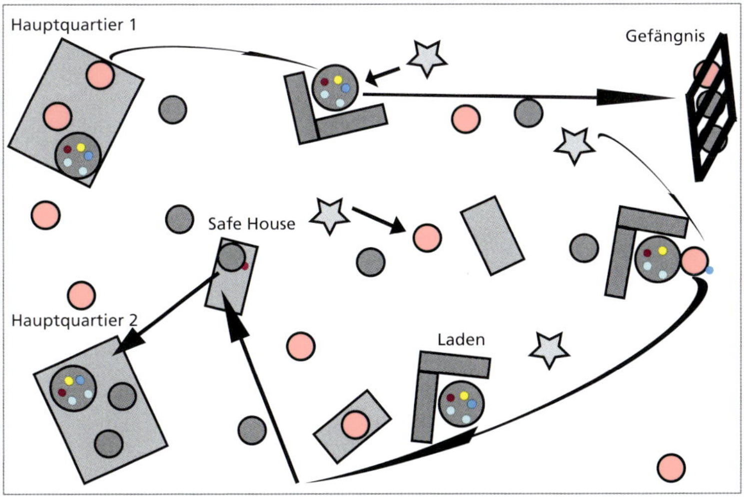

Organisationsskizze Bandenkrieg

Völkerball Reverse
Anzahl: 16–30 Personen

Es wird Völkerball New School gespielt (S. 54), aber es ist nur eine Person pro Team im Feld, alle anderen sind im Himmel. Jeder, der vom Himmel aus einen gegnerischen Spielenden abwerfen kann, ist erlöst und darf ins Feld. Abgeworfene Spielende bleiben im Feld. Das Team, das zuerst keine Spielende mehr im Himmel hat, gewinnt.

Variante «Switch»

- Sobald ein Team nur noch einen Spieler im Himmel hat, wird das Spiel für beide Teams umgekehrt: man spielt Völkerball normal. Das Umkehren des Spiels wird vom Spielleiter durch lautes Rufen signalisiert. Das Team, dessen Spielfeld zuerst leer ist, verliert.

Intensität:
Materialaufwand:
Zeitaufwand:

Es braucht

- 2 Softbälle
- Spielbändel

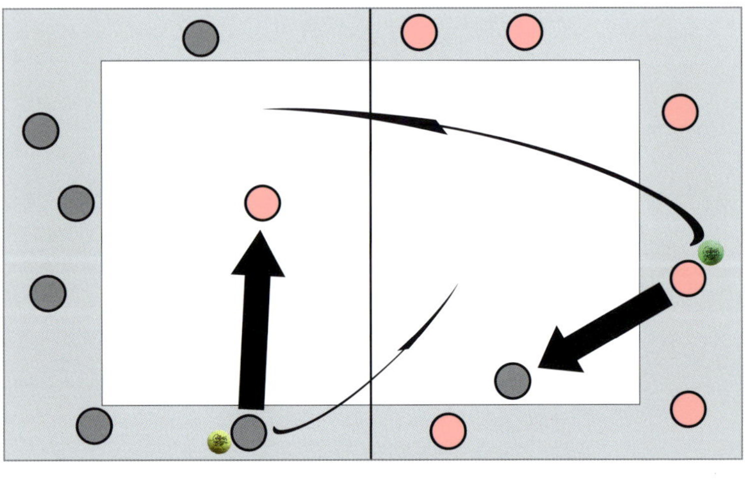

Organisationsskizze Völkerball Reverse

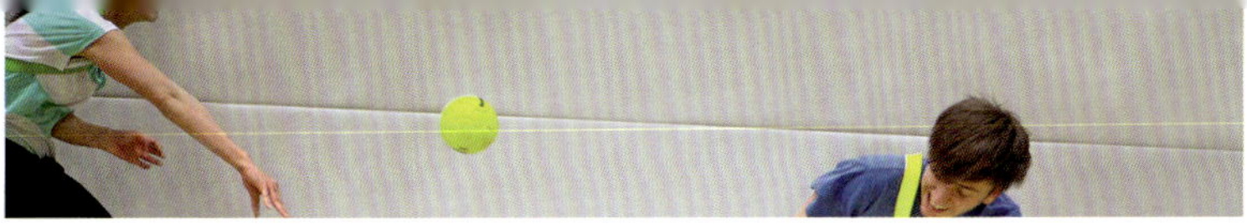

Völkerball verliebt
Anzahl: 16–30 Personen

Es wird Völkerball Old School gespielt (S. 54). In beiden Teams werden Pärchen gebildet. A kann nicht abgeworfen werden und muss nur in den Himmel, wenn sein Pendant B getroffen wird. Dann müssen beide in den Himmel. Erlösen kann man sich, wenn man es schafft, händchenhaltend durchs gegnerische Feld zurück ins eigene Feld zu laufen, ohne von einem gegnerischen Spielenden berührt zu werden.

Variante
- Nach Grundform New School spielen – wenn man jemanden vom Himmel aus abwerfen kann, sind beide Verliebten wieder erlöst.

Intensität: 3/3
Materialaufwand: 1/3
Zeitaufwand: 1/3

Es braucht
- 2–3 Softbälle
- Spielbändel

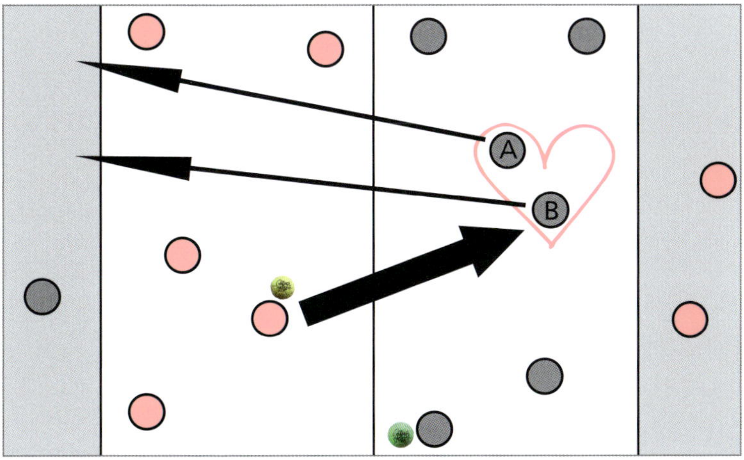

Skizze Völkerball verliebt

Countdown-Völkerball
Anzahl: 10–18 Personen

Es werden zwei Teams gebildet. Innerhalb der Teams erhält jeder Spielende eine Nummer. Diese bleibt geheim. Dann wird Völkerball New School (s. 54) gespielt. Die Nr. 1 darf das Spiel NICHT im Himmel beginnen. Die Spielenden müssen in der Reihenfolge ihrer Nummern abgeworfen werden. Man muss also zuerst herausfinden, wer zuerst abgeworfen werden darf. Wird der richtige Spieler getroffen, ruft er laut: «Nr. 1 getroffen!» und geht in den Himmel. Das Team, das zuerst keine Spieler mehr im Feld hat, verliert.

Variante für große Klassen

- Diese Form eignet sich sehr gut für kleinere Klassen. Möchte man mit größeren Klassen spielen (mehr als 18), wird jede Zahl 2 Spielenden pro Team zugewiesen. Wenn einer davon getroffen ist, müssen beide in den Himmel.

Intensität: ≡ ≡ ≡
Materialaufwand: ≡
Zeitaufwand: ≡ ≡

Es braucht

- 2–3 Softbälle
- Spielbändel

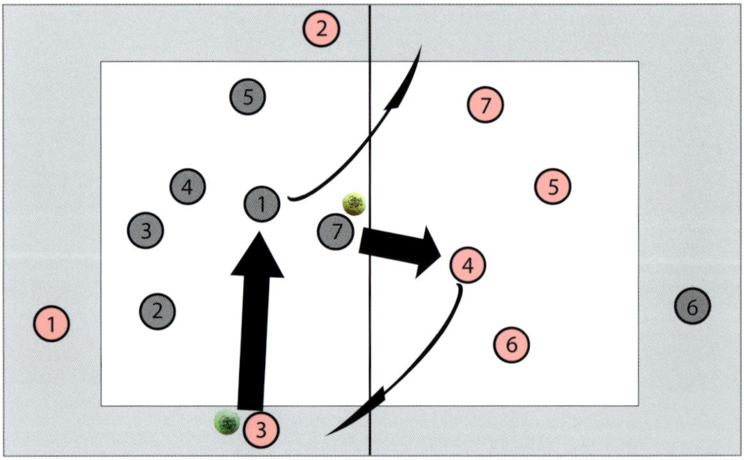

Organisationsskizze Countdown-Völkerball

Gespenster-Völkerball
Anzahl: 14–30 Personen

Es wird Völkerball New School (S. 54) gespielt. Wenn man jemanden vom Himmel aus abwirft, darf man zurück ins Feld. Während des gesamten Spiels darf niemand einen Ton von sich geben – also weder lachen noch sprechen oder schreien. Wer im Feld diese Regel bricht, wird sofort ein Gespenst und muss in den Himmel. Wer im Himmel die Regel bricht, muss 2 Runden ums Feld laufen. Erlösen kann sich ein Gespenst, indem es einen Menschen im Feld abwirft.

Intensität:
Materialaufwand:
Zeitaufwand:

Es braucht
- 2–3 Softbälle
- Spielbändel

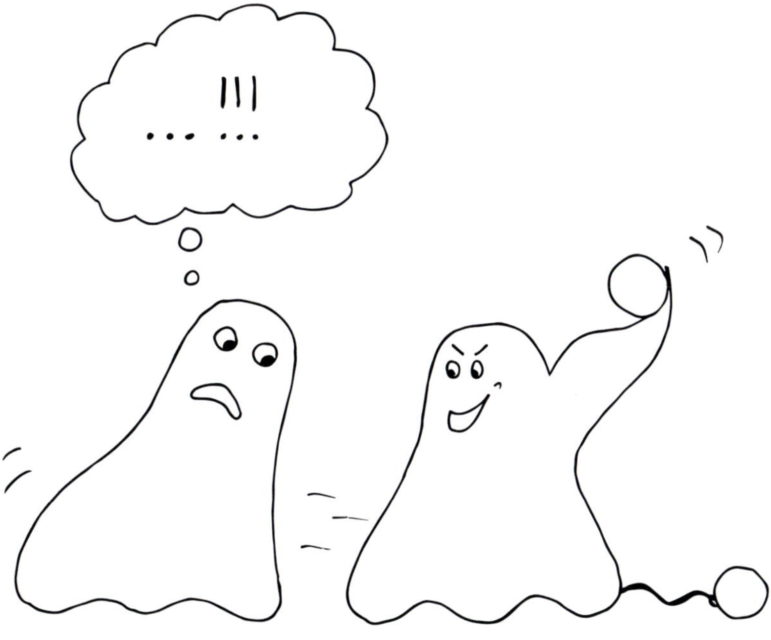

Skizze Gespenster-Völkerball

PET-Völkerball mit Bodyguards
Anzahl: 14–30 Personen

Es wird Völkerball New School (S. 54) gespielt. Jedes Team erhält 2 halbvolle PET-Flaschen weniger als Spielende. Die Flaschen werden im Feld aufgestellt, Abstand = mind. 1 Armlänge. Nun versuchen die Spielenden, die Flaschen des Gegners umzuwerfen. Die flaschenlosen Spielenden wirken als «Bodyguards» und sind unsterblich. Für die anderen gilt: Wenn die eigene Flasche fällt, muss man in den Himmel. Wenn man von dort eine gegnerische Flasche umwirft, darf man zurück ins Feld. Das Team, das zuerst keine Flaschen mehr hat, verliert.

Variante
- Wenn ein Team keine Flaschen mehr hat, werden die Bodyguards direkt abgeworfen. Sobald sich wieder ein Spieler mit Flasche erlöst, geht das Spiel regulär weiter. Bodyguards dürfen nur abgeworfen werden, wenn keine Flaschen im Feld sind.

Intensität:
Materialaufwand:
Zeitaufwand:

Es braucht
- Pro Team 5–8 Flaschen
- 2–3 Softbälle, Spielbändel

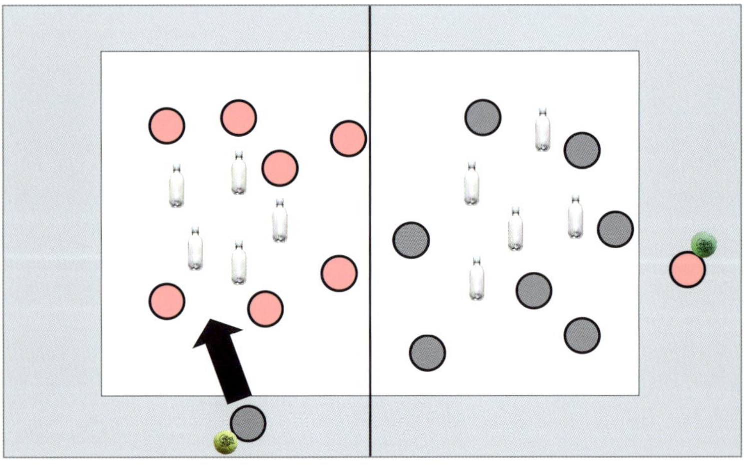

Organisationsskizze PET-Völkerball mit Bodyguards

Action-Foto Racehorse-Völkerball

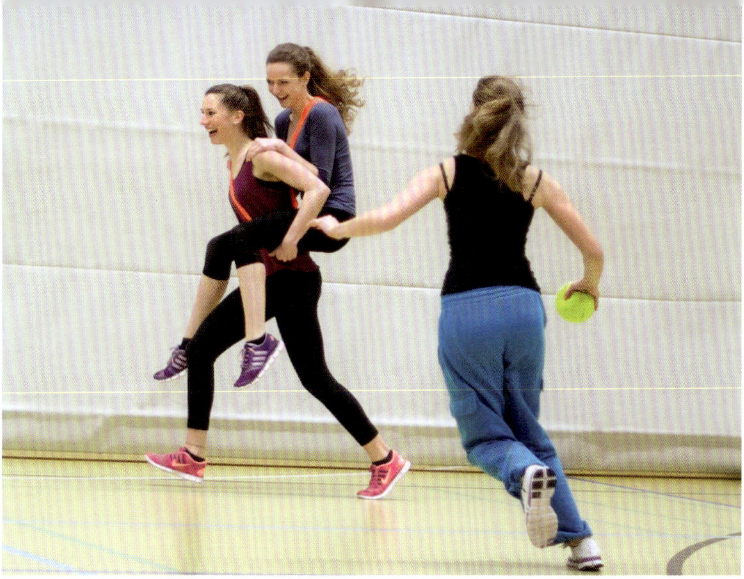

Intensivspiele

Racehorse-Völkerball
Anzahl: 16–30 Personen

Es wird Völkerball Old School gespielt. Wenn es einem Spielenden gelingt, mit einem anderen Spieler huckepack vom Himmel zurück ins Feld zu laufen, sind beide Spielende erlöst. Können die gegnerischen Spielenden ein Duo beim Durchqueren des Feldes berühren, muss dieses in den Himmel zurückkehren und von dort aus einen neuen Versuch starten. Das Team, das zuerst keine Spielenden mehr im Feld hat, verliert.

Tipp: Die Mitspieler müssen die fangenden Gegner gezielt mit den Bällen bedrohen, damit die Huckepack-Flucht gelingt!

Variante

- Vereinfachen: Man muss die Reiter und Pferde mit dem Ball abwerfen, anstatt berühren.
- Vereinfachen: New School Grundform verwenden. Zone, aus der die Rennpferde starten dürfen, begrenzen (z. B. bis Handballkreis).

Intensität: ≡ ≡ ≡
Materialaufwand: ≡
Zeitaufwand: ≡

Es braucht

- 2 Softbälle
- Spielbändel

Bachelor's Hunt
Anzahl: 16–24 Personen

4 mit Spielbändeln markierte Teams à 4–6 Spielende sammeln sich auf Matten, die in den Ecken des Felds liegen (s. Skizze). Jedes Team bestimmt eine Prinzessin, die mit einem zusätzlichen Band gekennzeichnet wird. Die restlichen Spieler sind Bachelors und bestimmen team-intern eine Reihenfolge. Auf Signal des Spielleiters starten alle Prinzessinnen und die ersten Bachelors jedes Teams. Nun jagt jeder Bachelor die Prinzessin des nächsten Teams. Die Bachelors wechseln sich beim Laufen nach jeder Runde ab (Abschlag auf der Matte), die Prinzessinnen rennen um die Pylonen, bis eine von ihnen eingeholt worden ist. Das erfolgreiche Bachelor-Team erhält einen Punkt, dann kommen die nächsten Spieler als Prinzessinnen an die Reihe, bis jeder einmal Prinzessin war. Welches Team holt am meisten Punkte?

Varianten
- Laufen, bis nur noch eine Prinzessin übrig ist. Diese gewinnt.
- Auf der Laufstrecke Hindernisse aufbauen.

Intensität: ≋ ≋ ≋
Materialaufwand: ≋
Zeitaufwand: ≋

Es braucht
- 4 Matten, 4 Pylonen, Spielbändel
- Variante: Material für Hindernisse

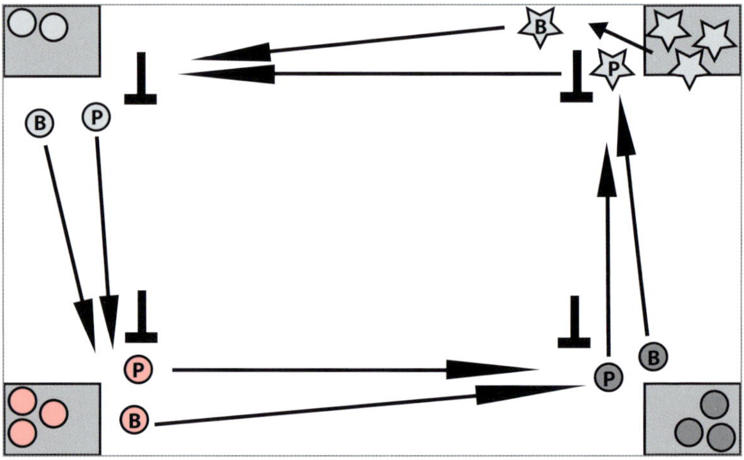

Organisationsskizze Bachelor's Hunt

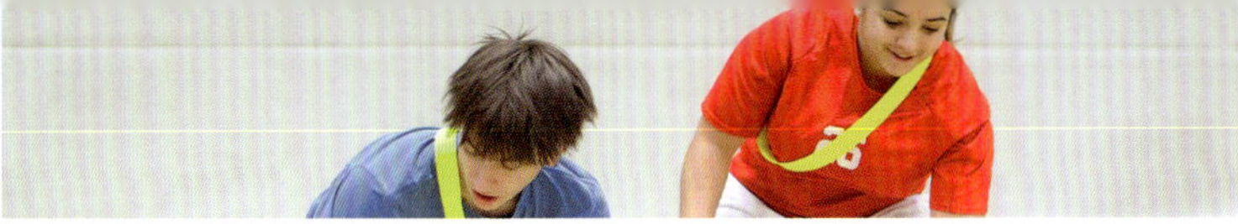

Burner Gladiators
Anzahl: 18–24 Personen

3 Teams à 4–6 Personen werden gebildet. A besetzt die Wurfzonen mit 4–6 Bällen, B und C die Startzone. In der Endzone sind Spielbändel, im Feld Objekte zum Verstecken präpariert. Auf Signal versuchen Team B und C, das Feld zu durchqueren. Wer die Endzone erreicht, ohne abgeworfen zu werden, nimmt einen Bändel und tritt die Rückkehr an. Wer getroffen wird, muss in die zuletzt verlassene Zone zurück. Geworfen wird nur aus den Zonen, die Bälle dürfen von A aus dem Feld zurückgeholt werden. Von B und C erbeutete Bändel werden in den Reifen deponiert. Nach je 5 Min. erfolgt ein Rollenwechsel, bis jedes Team 1x verteidigt und 2x angegriffen hat. Welches Team erobert am meisten Bändel?

Variante
- Wer ungetroffen über eines der Zusatz-Hindernisse gelangt, nimmt ein Extraleben (Jonglierball) aus dem dortigen Eimer. Beim nächsten Treffer muss man dieses abgeben.

Intensität:
Materialaufwand:
Zeitaufwand:

Es braucht
- Spielbändel, 4–6 weiche Bälle, Geräte zum Verstecken
- Variante: Hindernisse, Eimer oder Reifen, Klammern o. Ä. Objekte

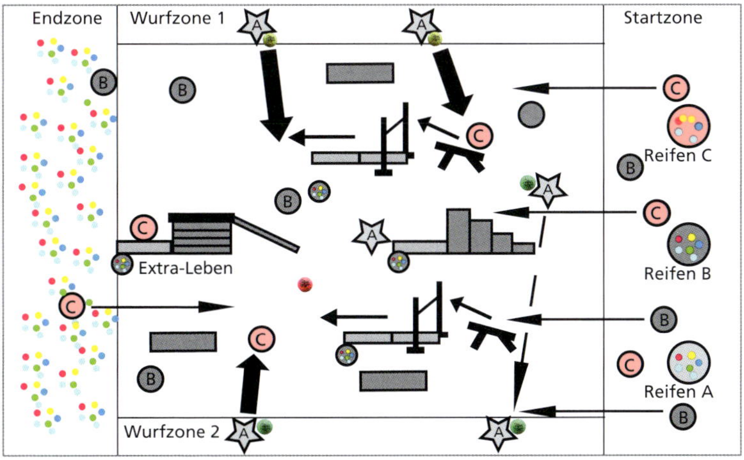

Organisationsskizze Burner Gladiators mit Extraleben

Chaos-Brennball
Anzahl: 14–30 Personen

Es wird Brennball gespielt. Die Läufer starten immer paarweise. Die Feldmannschaft sichert sich den Ball und legt ihn im Reifen ab (= verbrannt). Sobald der Ball «verbrannt» ist, müssen alle Läufer auf die letzte Matte zurück. Die Feldspieler dürfen aber auch versuchen, einen Läufer abzuwerfen. Gelingt dies, erfolgt ein Doppelpfiff vom Spielleiter. Die ganze Feldmannschaft (A) muss nun sofort über die Grundlinie rennen, die Läufer (B) sichern derweil den Ball und versuchen, einen Gegentreffer auf einen Spieler von Team A zu landen. Gelingt dies, bleibt Team B im Angriff. Können sich alle Spieler von Team A ungetroffen über die Grundlinie retten, muss Team B ins Feld und Team A darf angreifen. Es werden 2 Halbzeiten gespielt. In der 1. Halbzeit beginnt Team A im Feld, in der 2. Team B.

Intensität: ≋ ≋ ≋
Materialaufwand: ≋
Zeitaufwand: ≋ ≋ ≋

Es braucht
- 4 dünne Matten
- Spielbändel
- 1 Softball, 1 Reifen

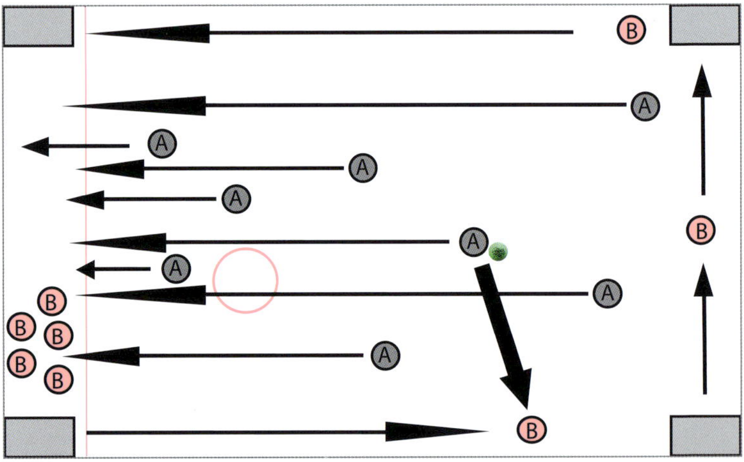

Organisationsskizze Chaos-Brennball

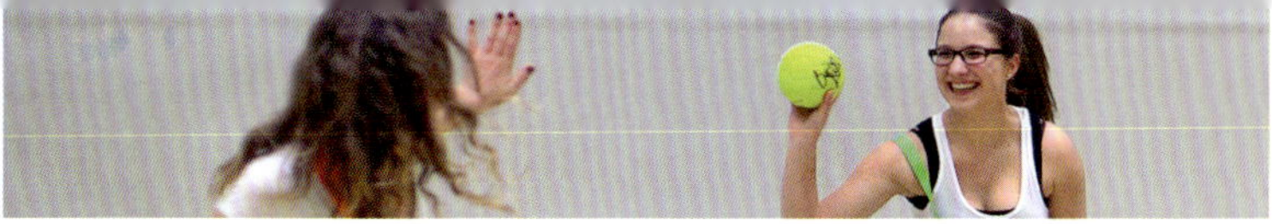

Invasion der Spinnen
Anzahl: 16–30 Personen

Die Spinnen (orange) stellen sich in der Startzone auf. Dort steht ein Eimer mit Spinneneiern (z. B. Jonglierbälle). Die Menschen (Sterne) sammeln sich in der Endzone mit 7 weichen Bällen, 3–4 verteilen sich in der Kampfzone, um die Bälle zurück zu werfen. Auf Signal transportieren die Spinnen die Eier in die Endzone (nur 1 Ei/Lauf). Wer dies schafft, ohne abgeworfen zu werden, legt das Ei in den Ziel-Eimer. Die Rückkehr erfolgt via Mattenbahn. Wer getroffen wird, muss vor dem nächsten Versuch die Startzone berühren. Bringen die Spinnen innerhalb 3 Minuten 10 Eier ins neue Nest, gilt das Gebiet als erobert und die Menschen verlieren. Können die Menschen dies 3 Minuten lang verhindern, sind die Eier unbrauchbar und die Menschen gewinnen. Es darf nur aus der Endzone geworfen werden.

Variante
- Spiders Contest: Welches Team schafft mehr Eier in 5 Minuten?

Intensität: 3
Materialaufwand: 2
Zeitaufwand: 3

Es braucht
- Material für Verstecke (z. B. Kästen), Spielbändel
- Kleine Bälle (Eier), 2 Eimer, 7 weiche Bälle, 8–10 dünne Matten

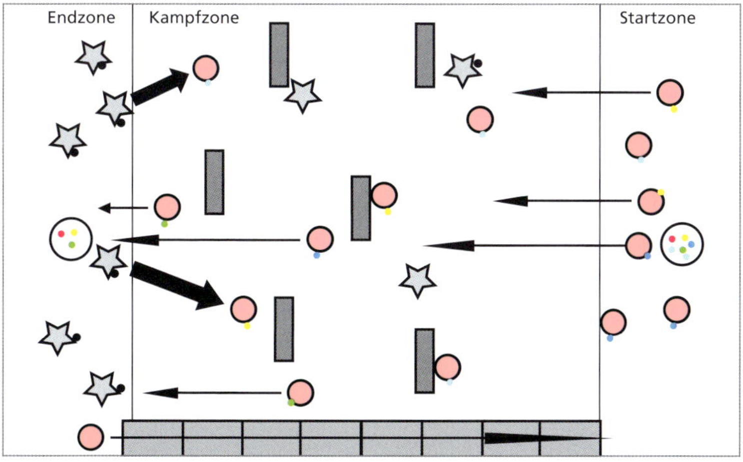

Organsiationsskizze Invasion der Spinnen

Intensivspiele

Schafe scheren
Anzahl: 16–30 Personen

Die Schafe (grau) stehen im Stall (Kletterstangen). Die Bauern (orange) stehen auf dem Schurplatz (dicke Matte). Auf Signal des Spielleiters rennen alle Bauern los und versuchen, innerhalb 3 Minuten möglichst viele Schafe aus dem Stall zu holen und zum Schurplatz zu bringen. Die Schafe dürfen sich durch Winden und Zappeln wehren, aber nicht kitzeln, schlagen oder treten. Die Bauern dürfen sich gegenseitig helfen (zu zweit oder dritt ein Schaf packen), die Schafe dagegen nicht. Geschorene Schafe reihen sich hinter der Matte am Spielfeldrand auf. Nach 3 Minuten erfolgt ein Rollenwechsel. Welches Bauernteam schafft mehr Schafe?

Variante

- Die Schafe laufen frei im Feld herum und müssen zum Scheren erst eingefangen werden.

Intensität:
Materialaufwand:
Zeitaufwand:

Es braucht

- 1 dicke Matte
- Spielbändel
- Kletterstangen oder Floorpads zum Markieren einer Stall-Zone

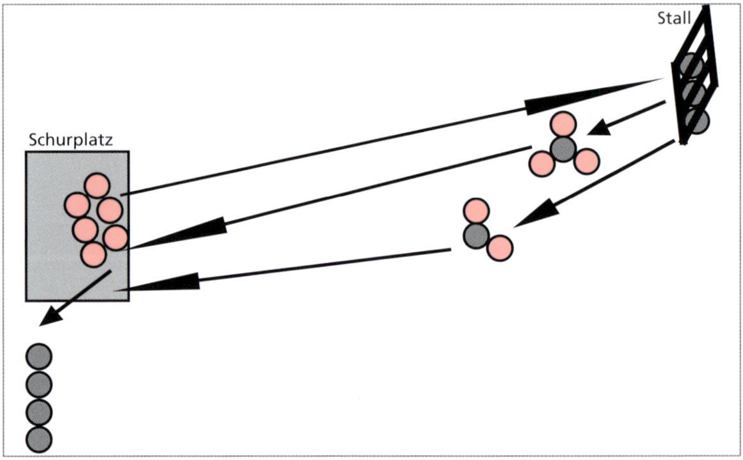

Organisationsskizze Schafe scheren

Gefängnis-Revolte
Anzahl: 16–30 Personen

Zu Beginn des Spiels stehen alle Häftlinge im Gefängnis (dicke Matte), die Wärter sitzen in der Kantine (Matteninsel). Die Häftlinge sind je nach Gefährlichkeit mit farbigen Bändeln gekennzeichnet. Der Spielleiter bestimmt, wer welche Farbe erhält.

- Blau = Taschendieb = 1 Punkt
- Gelb = Trickbetrüger = 2 Punkte
- Grün = Bankräuber = 3 Punkte
- Rot = Schwerverbrecher = 5 Punkte

Auf Signal brechen alle Häftlinge aus. Gleichzeitig laufen die Wärter los, um sie wieder einzufangen. Jeder Häftling, der auf die dicke Matte transportiert werden kann, setzt sich an den Rand. Nach 4 Min. werden die Rollen gewechselt. Welches Team holt mehr Punkte?

Intensität: ≋ ≋ ≋
Materialaufwand: ≋
Zeitaufwand: ≋ ≋

Es braucht
- 1 dicke Matte, 4 dünne Matten
- Spielbändel in verschiedenen Farben

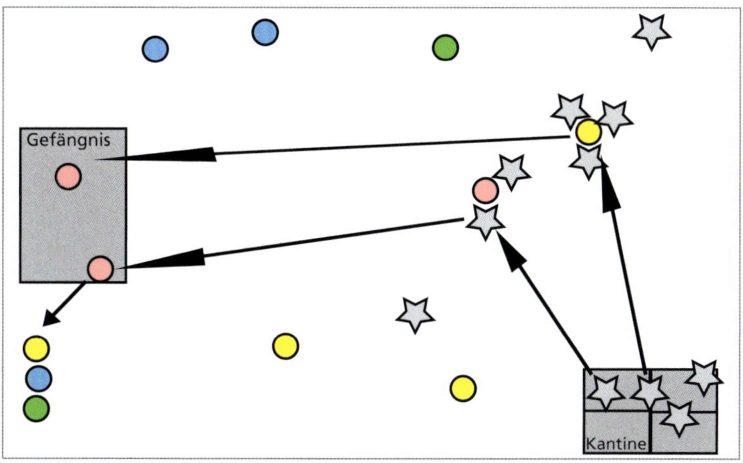

Organisationsskizze Gefängnis-Revolte

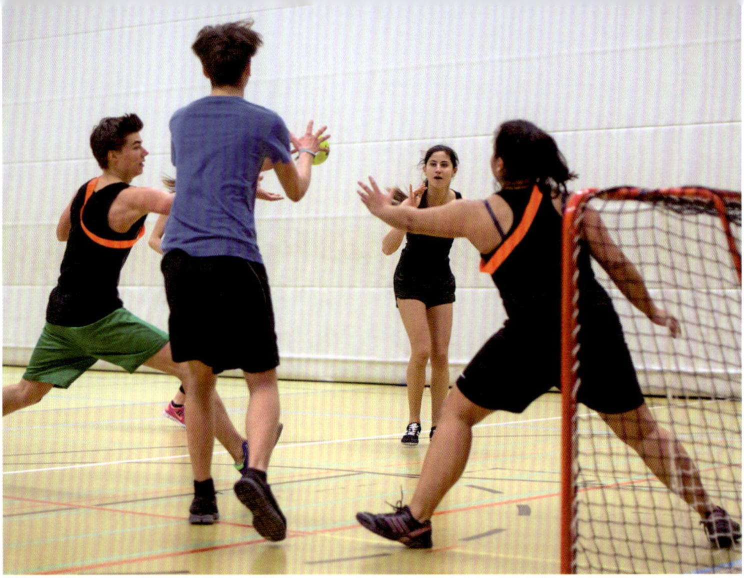

Action-Foto Sissy Handball

Intensivspiele

Sissy Handball
Anzahl: 10–30 Personen

Es wird mit einem weichen Ball 4 gegen 4 auf Unihockey-Tore gespielt. Es gilt die 3-Schritte-Regel, Dribbling ist verboten. Man darf bis zur Unihockey-Torhüterzone ans Tor heran. Der Ball darf ins Tor geschossen, geschoben oder gelegt werden. Man darf den Ball im ganzen Feld mit allen Körperteilen abwehren – er darf aber nicht gekickt werden. Es darf nur eine Person im Tor stehen. Nach einem Tor geht das Spiel nahtlos weiter; der unterlegene Torhüter bringt den Ball ins Spiel. Es gibt kein «Out». Es wird ohne Körperkontakt gespielt, der Ball wird erobert, indem ein Pass/Wurf abgefangen wird.

Varianten

- Sissy Deluxe: Es wird mit Körperkontakt gespielt – im Rahmen der Handball-Regeln.
- Sissy Fly: Es wird auf Schwedenkästen gespielt (Ball prallt zurück) nach jedem Tor erfolgt ein fliegender Blockwechsel beider Teams.

Intensität: ●●●
Materialaufwand: ●
Zeitaufwand: ●●

Es braucht

- 2 Unihockeytore, Spielbändel
- 1 weicher Ball
- Variante: 2 Schwedenkästen

Dodge Soccer
Anzahl: 12–30 Personen

Es werden 2 Teams aufgestellt. Die Teams bilden 2er-Gruppen, die jeweils 2 PET-Flaschen im Abstand von 1 m in der eigenen Platzhälfte platzieren. Nun wird mit 2–4 weichen Bällen Fußball gespielt. Ziel ist es, die Flaschen des gegnerischen Teams zu Fall zu bringen. Fällt eine Flasche um, muss die betreffende 2er-Gruppe mit ihren Flaschen auf die Auswechselbank. Sie darf fliegend wieder einwechseln und ihre Flaschen neu platzieren, wenn eine gegnerische 2er-Gruppe das Feld verlässt. Das Spiel wird dabei nicht unterbrochen. Das Team, das zuerst keine Spielenden mehr auf dem Feld hat, verliert.

Variante
- Die Flaschen werden nach Treffern wieder aufgestellt, alle Spieler bleiben im Feld. Der Spielleiter zählt die Treffer. Welches Team erzielt mehr Punkte in 5 Minuten?

Intensität: ≋ ≋ ≋
Materialaufwand: ≋ ≋
Zeitaufwand: ≋ ≋

Es braucht
- 2–4 weiche Fußbälle (z. B. Sissy Soccer Bälle)
- Spielbändel
- So viele PET-Flaschen wie Spielende

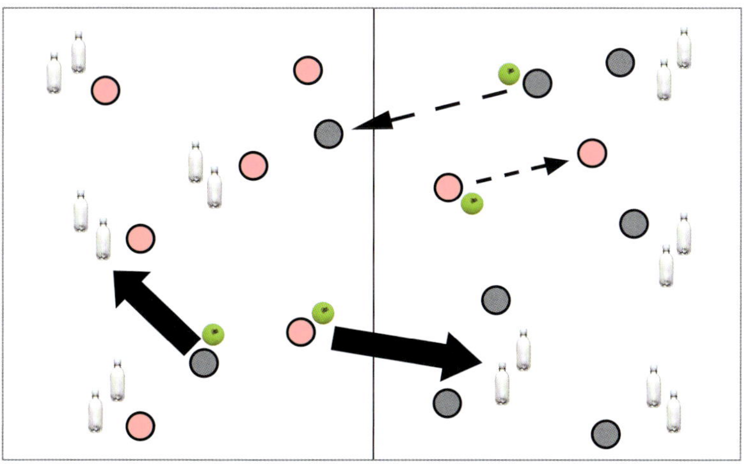

Organisationsskizze Dodge Soccer

Sissy Dodgeball
Anzahl: 16–30 Personen

2 Teams werden eingeteilt, die sich an den Grundlinien auf den Bauch legen. 7–9 Bälle liegen auf der Mittellinie. Auf Signal des Spielleiters erfolgt der Rush: Alle sprinten los um möglichst viele Bälle zu sichern. Dann werden die Gegner abgeworfen. Getroffene Spieler stellen sich an der Seitenlinie auf, bis ein Gegner abgeworfen wird. Bei mehreren wartenden Spielern gilt die Regel «first out first in». Man darf mit dem Ball höchstens bis zur 3-Punkte-Linie des gegnerischen Felds laufen. Bälle dürfen mit gehaltenen Bällen geblockt werden. Das Spiel ist dann zu Ende, wenn ein Team keine Spielenden mehr hat.

Varianten
- Die gegnerische Zone darf betreten werden, um Bälle zu holen. Dabei kann man abgeworfen werden. Selber werfen darf man aber nur von außerhalb der Zone!
- Wird ein Wurf gefangen, ist der Werfer «out».

Intensität: ≡ ≡ ≡
Materialaufwand: ≡ ≡
Zeitaufwand: ≡

Es braucht
- Spielbändel, 8–10 weiche Bälle

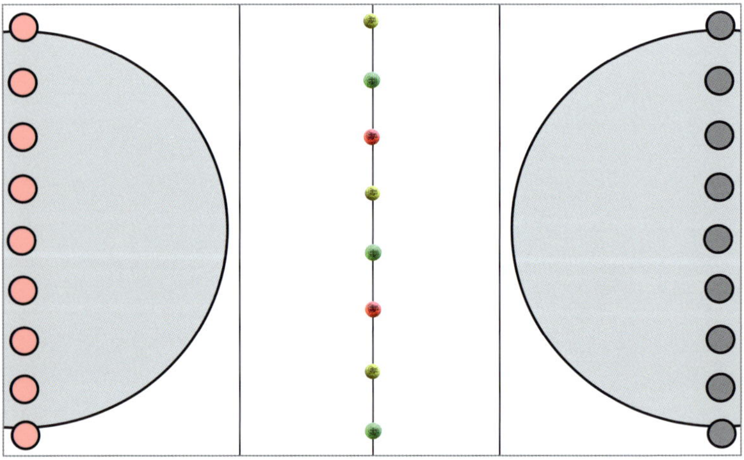

Organisationsskizze Sissy Dodgeball

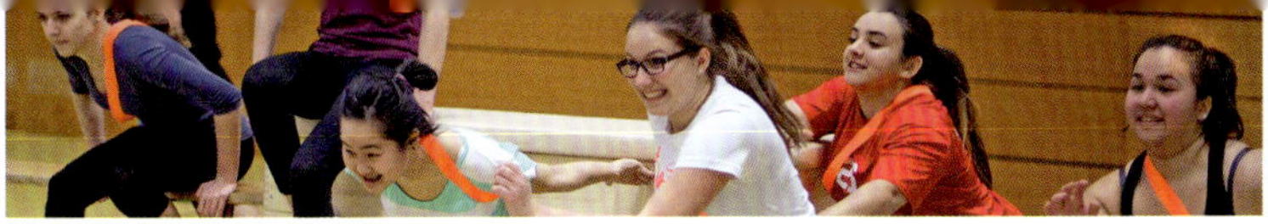

Autobahn-Dodgeball
Anzahl: 16–30 Personen

Es wird ein symmetrisches Autobahnkreuz aufgestellt, bestehend aus 2 Kästen (Mitte), 2 dicken Matten (auf jeder Spielfeldhälfte 1) sowie ein Kreuz aus dünnen Matten (je 3 pro Straße). Es gelten die Grundregeln von Sissy Dodgeball – die gegnerische Feldhälfte darf aber nur über die Autobahnen betreten werden (Kästen/Matten).
Auf gleichem Weg kehrt man auch wieder ins eigene Feld zurück. Betritt man den Boden auf der gegnerischen Feldhälfte oder wird abgeworfen, muss man das Spielfeld verlassen, bis man wieder erlöst wird. Wenn ein Mitspieler das Basketballbrett auf der gegnerischen Spielfeldhälfte trifft, ist ein Spieler erlöst. Trifft jemand den Korb, sind alle abgeworfenen Spielenden auf einmal erlöst.

Intensität: 3/3
Materialaufwand: 3/3
Zeitaufwand: 1/3

Es braucht
- 2 dicke Matten
- 12 dünne Matten (je 3 pro Autobahn)
- 2 Schwedenkästen
- Spielbändel, 5 weiche Bälle
- 2 Basketballbretter

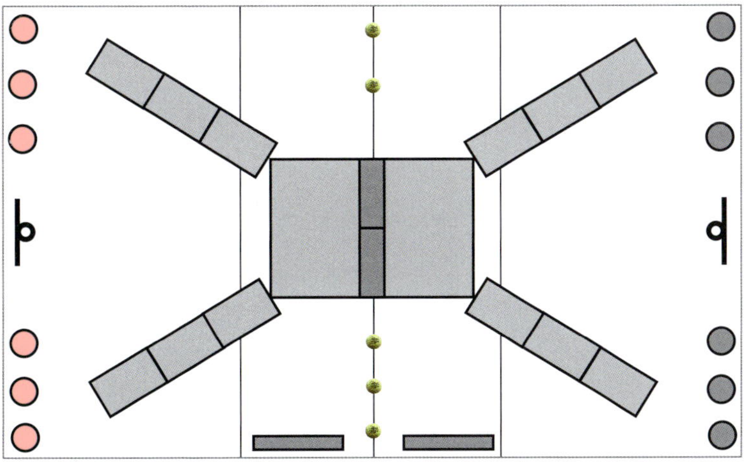

Organisationsskizze Autobahn-Dodgeball

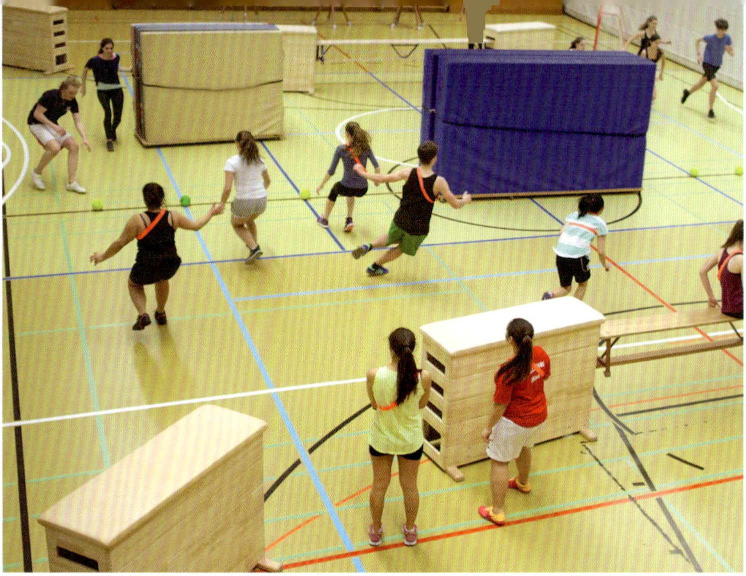

Action-Foto Burner Battlefield

Intensivspiele

Burner Battlefield
Anzahl: 16–30 Personen

Die Turnhallen-Variante des beliebten Computerspiel-Klassikers bringt Hochspannung in jede Sporthalle! Die Grundform dieses Spiels ist Sissy Dodgeball (siehe S. 46). Jedes Team baut nun ein Safe House auf (s. Foto/Skizze), zusätzlich werden drei Mattenwagen im Feld als Deckung platziert (Mittellinie sowie beide 3-m-Linien).

Nun wird Dodgeball gespielt. Das Betreten des gegnerischen Safe House ist verboten, ansonsten darf man überallhin laufen, mit oder ohne Ball. Man darf sich hinter den Deckungselementen verstecken und versuchen, die gegnerischen Linien zu hinterlaufen. Die Wände des Safe House dürfen erklettert, aber nicht überstiegen werden. Wird man abgeworfen, setzt man sich auf die Bank am Spielfeldrand, bis man erlöst wird. Es ist erlaubt, Würfe mit einem gehaltenen Ball zu blocken.

Das Erlösen funktioniert auf verschiedene Arten

- Wird ein Spieler abgeworfen, dürfen alle, die von jenem davor getroffen worden sind, umgehend wieder aufs Feld (amerikanisch).
- Trifft ein Spieler das Basketballbrett auf der gegnerischen Feldhälfte, ist der Spieler erlöst, der schon am längsten draußen sitzt.
- Trifft ein Spieler in den Korb auf der gegnerischen Feldhälfte, sind alle abgeworfenen Spieler dieses Teams auf einmal erlöst.

Sind alle Spieler eines Teams abgeworfen, ist das Spiel zu Ende. Das Team, das keine Spieler mehr hat, hat verloren.

Varianten

- Kann ein Spieler einen Wurf fangen, ist der Werfer «out» und muss auf die Bank.
- Mit Anführer: Jedes Team bestimmt einen Anführer, der mit einem Überziehdress gekennzeichnet wird. Wird der Anführer abgeworfen, hat das betreffende Team sofort verloren. Schafft es ein Anführer, das gegnerische Safe House zu erstürmen, verliert das gegnerische Team.
- Mit Gefangenen: Wer abgeworfen wird, muss sich im gegnerischen Safe House an die hintere Wand setzen. Gelingt es einem Mitspieler, einem Gefangenen einen Ball zuzuspielen, gilt er als befreit und darf zum eigenen Team zurück. Er darf erst wieder abgeworfen werden, wenn er die Mittellinie überquert hat.

Intensität: ≋ ≋ ≋
Materialaufwand: ≋ ≋ ≋
Zeitaufwand: ≋

Es braucht

- 4 Schwedenkästen
- 4 Unihockey-Tore oder weitere Kästen
- 4 Langbänke, 1 dicker Mattenwagen
- 2 16er-Mattenwagen
- Spielbändel, viele weiche Bälle
- 2 Basketballbretter

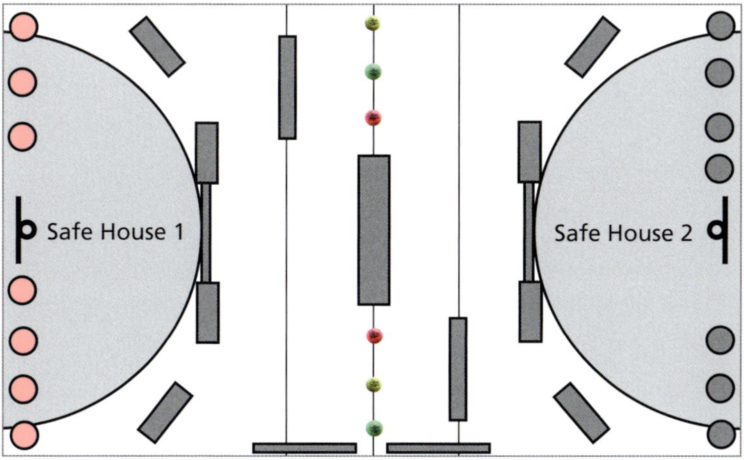

Organisationsskizze Burner Battlefield

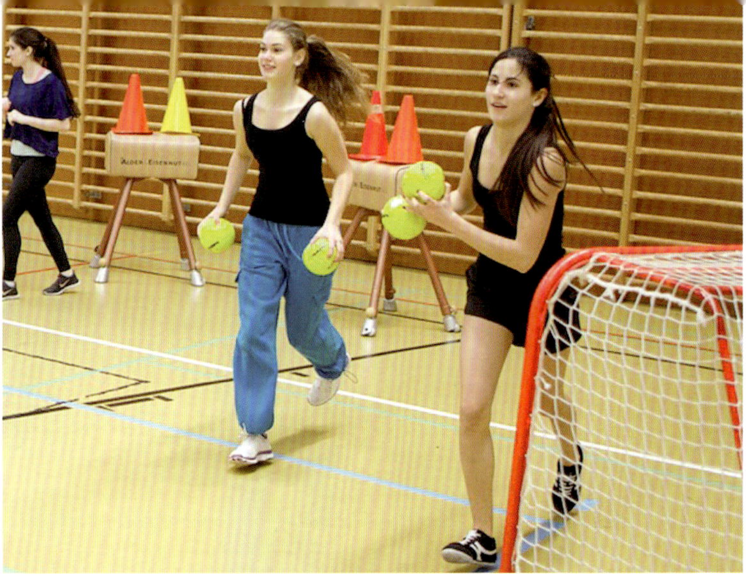

Action-Foto Karawanenschlacht

Intensivspiele

Karawanenschlacht
Anzahl: 18–30 Personen

Die Grundform dieses Spiels ist Burner Battlefield (Siehe S. 48). Das Safe House wird zur Oase umfunktioniert – jedes Team stellt darin 3 Kamele auf. Pro Kamel braucht es einen Bock und 2 Pylonen (s. Foto/Skizze), diese müssen mind. 1 m von der Wand weg stehen. Im Feld dienen 3 Mattenwagen als Deckung (Mittellinie/beide 3-m-Linien).

Nun wird Dodgeball gespielt. Das Betreten der gegnerischen Oase ist verboten, ansonsten darf man überallhin laufen, mit oder ohne Ball. Die Palmen und Felsen (Kästen/Bänke) am Rande der Oase dürfen erklettert werden. Wird man abgeworfen, setzt man sich auf die Bank am Spielfeldrand, bis man erlöst wird. Es ist erlaubt, Würfe mit einem gehaltenen Ball zu blocken.

Verliert ein Kamel beide Höcker, ist es «tot». Kamele können nicht erlöst werden, Spieler dagegen schon.

Das Erlösen funktioniert auf verschiedene Arten

- Wird ein Spieler abgeworfen, dürfen alle, die von jenem davor getroffen worden sind, umgehend wieder aufs Feld (amerikanisch).
- Trifft ein Spieler das Basketballbrett auf der gegnerischen Feldhälfte, ist ein beliebiger Spieler erlöst (oder aber der, der am längsten draußen sitzt).
- Trifft ein Spieler in den Korb auf der gegnerischen Feldhälfte, sind alle abgeworfenen Spieler dieses Teams auf einmal erlöst.

Sind alle Spieler oder Kamele eines Teams abgeworfen, ist das Spiel zu Ende. Das Team, das keine lebendigen Kamele oder Spieler mehr hat, hat verloren.

Variante

- Mit Kameltreiber: Pro Karawane wird ein Kameltreiber bestimmt und mit einem farbigen Shirt markiert. Er ist unsterblich und darf die Kamele verteidigen. Wenn nur noch der Kameltreiber übrig ist, ist das Spiel verloren.

Intensität:

Materialaufwand:

Zeitaufwand:

Es braucht

- 4 Schwedenkästen
- 4 Unihockey-Tore oder weitere Schwedenkästen
- 4 Langbänke
- 1 dicker Mattenwagen
- 2 16er-Mattenwagen
- 1 Farbe Spielbände
- viele weiche Bälle
- 2 Basketballbretter
- 6 Böcke
- 12 Kunststoff-Pylonen

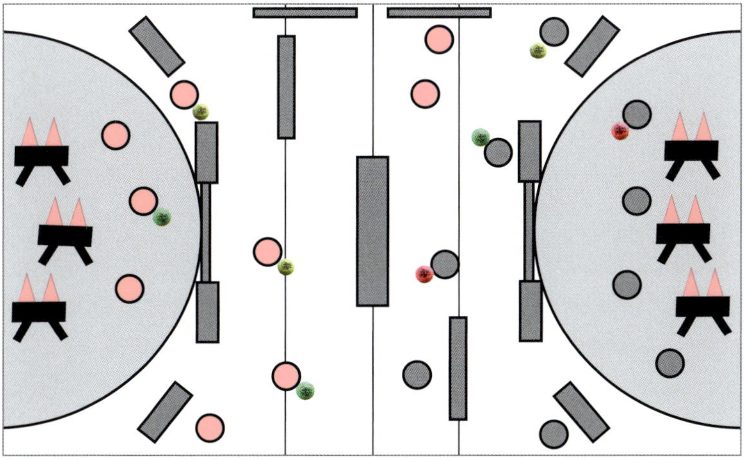

Organisationsskizze Karawanenschlacht

Legende zu den Skizzen

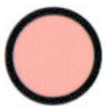 Spieler von Team A

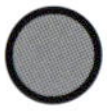 Spieler von Team B

 Spieler von Team C

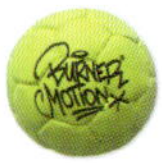 Ball

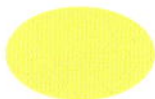

 Floorpad

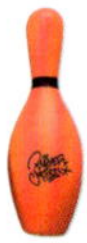 Foam Pin

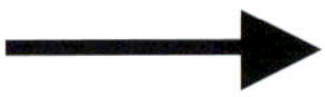 Laufweg ohne Ball

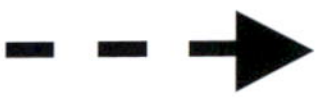 Pass

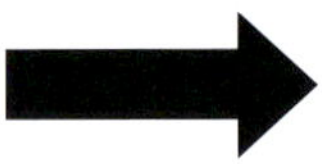 Schuss/Abwurf

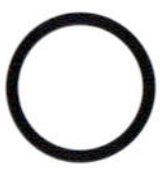 Reifen

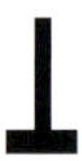 Malstab

 Schwedenkasten

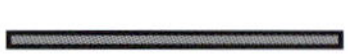 Langbank

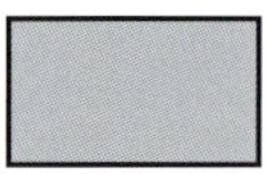 Matte

Materialtipps

Für den ultimativen Spielspaß haben wir eine Sammlung von ganz speziellem Material kreiert. Bezugsquelle CH: www.burnershop.ch

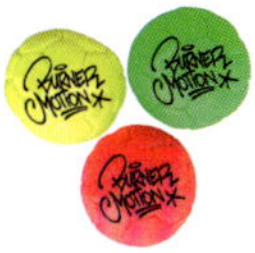

Burner Motion Bälle

Der Burner Ball hat eine griffige, weiche Oberfläche und ein flexibles Innenleben für scharfe, präzise aber schmerzfreie Würfe

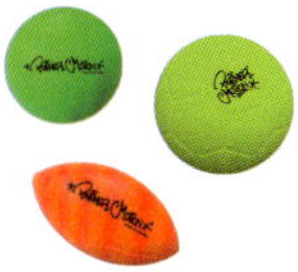

Burner Sissy Bälle

Ideal für heterogene Klassen. Auch wenn wild herumgeknallt wird, muss niemand Angst haben. Sehr stabil.

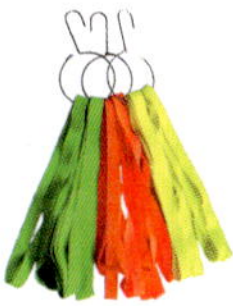

Burner Flex Fluo Spielbändel

Mit den Fluo-Spielbändeln gibt's nie mehr Team-Verwechslungen. Die Elastizität schafft Komfort und senkt die Verletzungsgefahr.

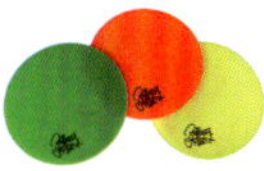

Heavy Duty Fluo Floorpads

Die praktischen Pads haften auf jedem flachen Untergrund und sind durch leuchtende Neonfarben sehr gut zu erkennen.

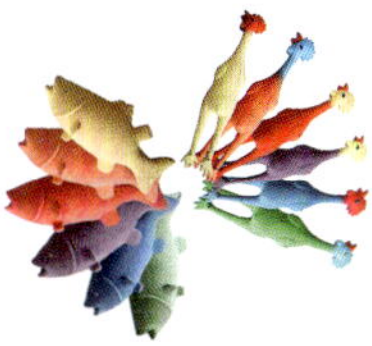

Burner Moorhühner & Feuerfische

Die lustigen, quietschenden Gummitiere sind sehr stabil und eignen sich sehr gut für den Einsatz in diversen fetzigen Spielen

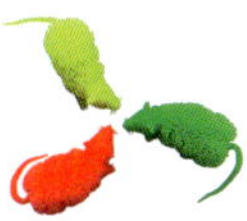

Burner Vinyl Viecher

Weich, leuchtend und hygienisch: Das sind die Burner «Haustierchen» zum werfen, fangen und sammeln ;-)

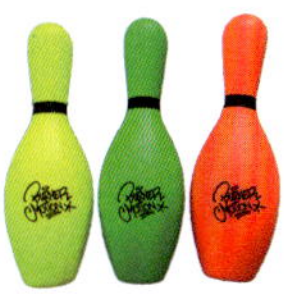

Fluo Foam Kegel

Diese weichen Keulen aus Foam in attraktiven Neonfarben garantieren maximalen Spielspaß ohne Verletzungsrisiko.

Grundformen Völkerball

Das Ziel dieses Spiels ist das Abwerfen des gegnerischen Teams. Die hier aufgeführten Grundformen dienen dem besseren Verständnis der im Buch geschilderten Varianten. Hier sind die wichtigsten Grundregeln zum Spielablauf:

- Spielfeld gemäß Skizzen: Old School Völkerball (Skizze 1, Himmel nur hinten) oder New School Völkerball (Skizze 2, Himmel rundum).
- Wer abgeworfen ist, muss in den Himmel gehen (graue Zone).
- Das Team, dessen Spielende zuerst alle im Himmel sind, hat verloren.
- Man darf, sofern nicht anders erwähnt, mit dem Ball nicht laufen.
- Zu Beginn des Spiels erhält jedes Team einen Softball.
- Ist das Spiel eröffnet, kann sofort geworfen werden.
- Bälle gehören dem Team, in dessen Feld sie liegen. Sie können aber «gefischt» werden von einem Gegenspieler, wenn sich dieser mit einem Körperteil in seinem eigenen Bereich befindet.

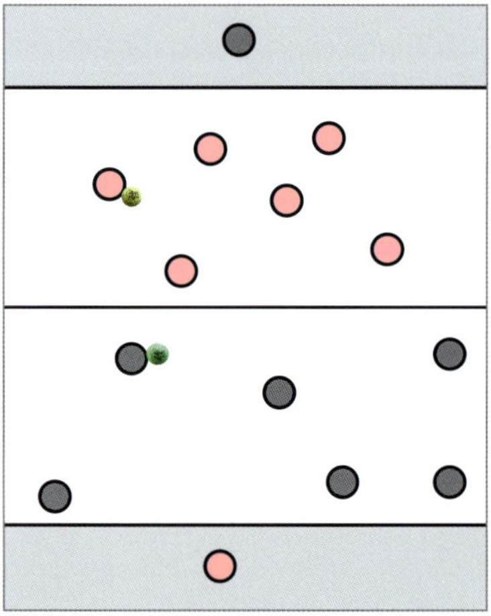

Skizze 1: Völkerball Old School

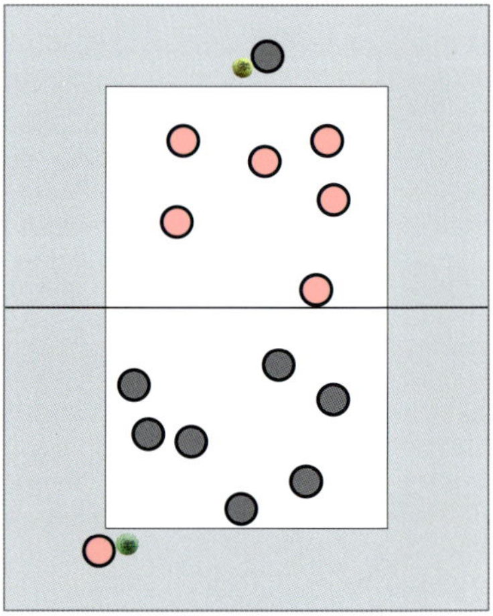

Skizze 2: Völkerball New School

Grundform Dodgeball (Schulregeln)

Dodgeball ist im Prinzip Völkerball ohne Himmel. Das Spielfeld wird zweigeteilt, das Betreten des gegnerischen Felds ist verboten. Wer abgeworfen ist, verlässt das Feld. Kann man einen Wurf fangen, ist der Werfer ausgeschieden. Das Spiel ist dann zu Ende, wenn ein Team keine Spieler mehr im Feld hat. Gestartet wird das Spiel per «Rush»: Die Bälle liegen auf der Mittellinie, die Teams an den Grundlinien. Auf Pfiff wird gesprintet und möglichst viele Bälle ergattert.

Grundform «Sig Sag Sug»

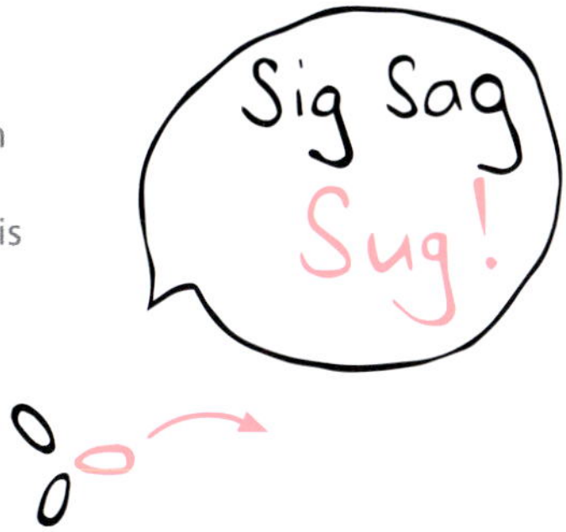

Sig Sag Sug ist ein Auswahlspiel, um z. B. den Goalie oder den Tafelputzer zu bestimmen. Es funktioniert so: 3 Spielende stehen im Kreis und halten ihre rechten Füße in die Mitte, sodass sich diese berühren. Nun sprechen sie im Chor: «Sig Sag Sug!» Bei «Sug» darf man Seinen Fuß stehen lassen oder wegziehen. Derjenige, der allein bleibt, ist der «Auserwählte», egal ob dessen Fuß weggezogen wurde oder im Kreis steht. Bleiben alle Füße stehen oder werden alle weggezogen, wird das Spiel wiederholt.

Quellen und Literatur

Die Spielformen im vorliegenden Band sind vor allem bei der täglichen Arbeit in der Sporthalle entstanden. Viele Schüler/innen und Kollegen haben Ideen, Varianten und Regeln zu den Formen beigetragen – auch Bücher und Videospiele haben Inspiration geliefert. Anbei findet sich eine Auswahl von Personen und Literatur, die bei der Entstehung von «Burner Games Revolution» eine bedeutende Rolle gespielt haben.

Bücher

- Leue, W. & Glorius, S. (2005). *Neue Ballspiele. Praxiserprobte Spielideen für Freizeit, Schule und Verein.* Aachen: Meyer & Meyer.
- Sinning, S. & Lange, A. (2011). *Neue und bewährte Ballspiele.* Wiebelsheim: Limpert.
- Döbler, H. und E. (1963). *Kleine Spiele – Ein Handbuch für Schule und Sportgemeinschaft.* Berlin: Volk und Wissen Verlag.
- Henning, E. (Hrsg.) (1956). *87 Englische Spiele. Ein Anleitungsbuch für frohe Spiele in der Schule und Jugendgruppe.* Frankfurt: Limpert.
- Hotzenköcherle, H. R. (1976). *111 Spiele.* Winterthur: Verlag der Zürcher Kantonalen Mittelstufenkonferenz.
- Moosmann, K. (2009). *Das große Buch der kleinen Spiele.* Wiebelsheim: Limpert
- Rauchmaul, S. (1967). *100 Kleine Spiele.* Berlin: Sportverlag.

Personen

- Martin Knöpfli lieferte die Inspiration zu «Chaos Brennball».
- Heidi Leeb entdeckte «Bachelor's Hunt» und «Sale Competition».
- Das Spiele-Entwicklerteam vom LaP 3 2014 am Gym Leonhard lieferte tolle Ideen für die Konzeption von «Burner Gladiators».

Dank

An dieser Stelle möchte ich allen, die zum Gelingen dieses Buches beigetragen haben, ganz herzlich danken. An erster Stelle stehen hier meine Schülerinnen und Schüler vom Gymnasium Leonhard Basel, die in ihren Sportlektionen Dutzende von Spielideen erprobt haben, um die besten herauszufiltern.

Eine ganze Reihe von begeisterten Gamern hat sich zur Verfügung gestellt, um die Action-Fotos für dieses Buch zu produzieren. Danke vielmal an Gerome, Fabienne, Noemi, Andrin, Samira, Vanessa, Franz, Catarina, Sara, Martina, Vanessa, Xi Lun, Sina, Vera, Melanie, Riane und Edona!

Ein weiteres großes Dankeschön geht an das Fotografenteam Christian Rosenberger und Marco Obrist. Elisabeth Sutter danke ich für die Unterstützung beim Testen der Spiele auf der Primarstufe sowie für das sorgfältige Lektorat.

Und ganz besonders möchte ich allen kleinen und großen Ballbegeisterten aus meinem Umfeld danken für ihre Inspiration, die immer wieder neue Spielideen entstehen lässt.

Muriel Sutter, im März 2014

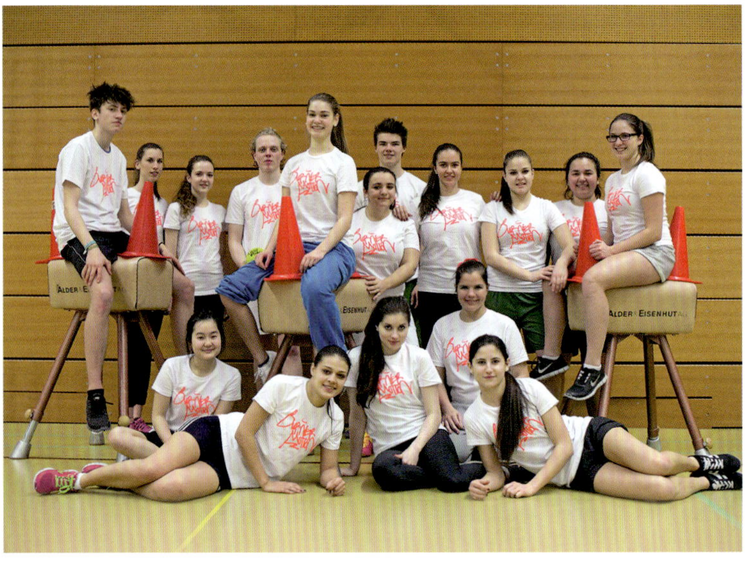

////////// Bücher zum Thema ////

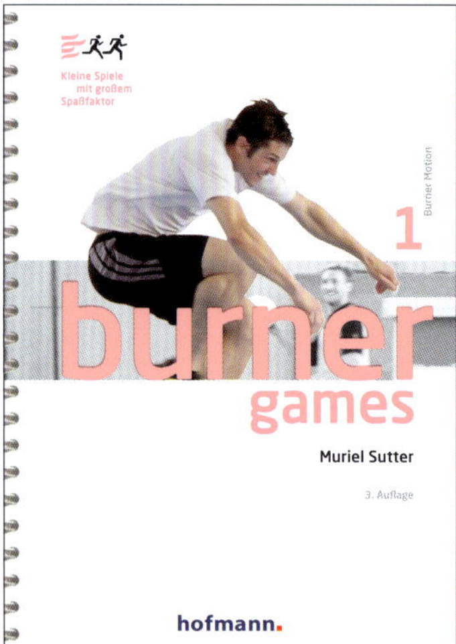

Muriel Sutter

Ob als Belohnung nach einer anstrengenden Übungslektion, als Einstieg in eine frühe Morgen-Unterrichtsstunde oder als Highlight für die letzte Stunde vor den Ferien:
Mit den Burner Games sind Spaß und Spannung garantiert. Die Spiele eignen sich sehr gut für große, heterogene Gruppen – auch weniger sportliche Kinder erleben viel Spiel- und Bewegungsfreude.
In der Sammlung finden sich Formen zum Kennenlernen, zum Aufwärmen, und zum „Vollgas geben".

Die Spiele sind für alle Altersgruppen geeignet.

2018. DIN A5, 56 Seiten
ISBN 978-3-7780-2913-8

Bestell-Nr. 2913 **€ 16.90**
E-Book auf sportfachbuch.de € 13.90

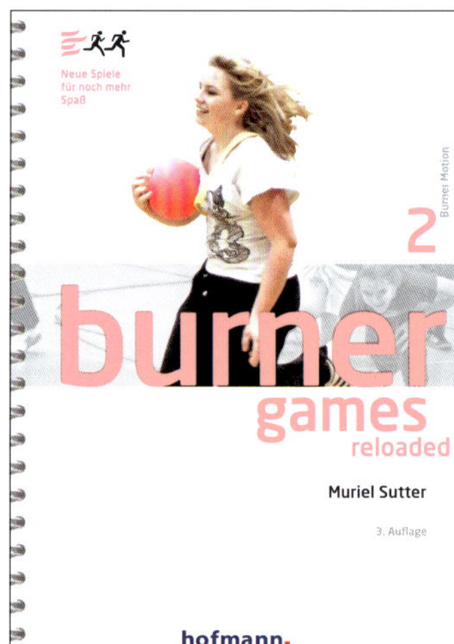

Muriel Sutter

Völkerball, Jägerball und ähnliche Spielformen gehören zum Repertoire der meisten Sportunterrichtenden. Burner Games Reloaded zeigt neue Varianten, die mehr Bewegung, Spaß und Raum für Fantasie ermöglichen. Hinzu kommen ganz neue Spielideen – inspiriert von verschiedenen Kulturen, Nationen und Medien.
Die Spiele sind sehr vielfältig einsetzbar und bieten auch sportlich schwächeren Schüler/-innen freudvolle Spiel- und Bewegungserfahrungen.

Die Spiele sind für alle Altersgruppen geeignet.

2019. DIN A5, 64 Seiten
ISBN 978-3-7780-2923-7

Bestell-Nr. 2923 **€ 16.90**
E-Book auf sportfachbuch.de € 13.90

Versandkosten € 2.–; ab einem Bestellwert von € 20.– liefern wir innerhalb von Deutschland versandkostenfrei.

hofmann. VERLAG
Steinwasenstraße 6–8 • 73614 Schorndorf
Telefon (0 71 81) 402-0 • Fax (0 71 81) 402-111
www.hofmann-verlag.de
hofmann@svk.de

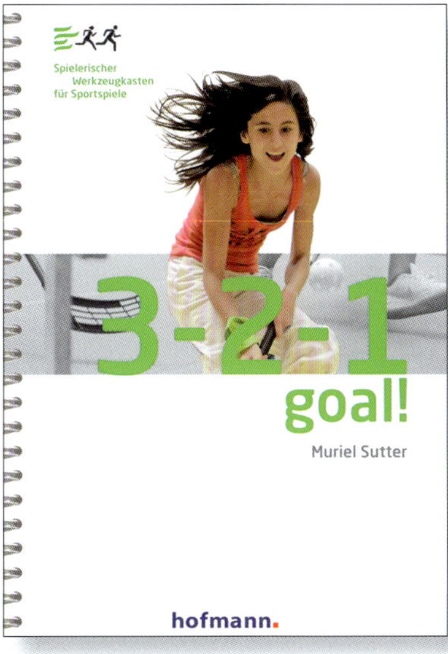

- Spiralbindung
- Extra starkes Papier
- Schutzfolien

2013. DIN A5, 116 Seiten
ISBN 978-3-7780-8780-0

Bestell-Nr. 8780 **€ 19.90**
E-Book auf sportfachbuch.de € 15.90

Muriel Sutter

Je besser man Bälle und Spielsituationen beherrscht, desto mehr Spaß hat man am Spielen. 3-2-1 Goal! führt Spielende schnell und lustvoll zu einem besseren Spielverhalten. Alle Übungen werden in spielgemäße Organisationsformen und kleine Wettkämpfe verpackt – dies macht das Üben attraktiv und erleichtert den Transfer der erlernten Fertigkeiten ins Spiel. Mit dem Fokus auf das Training spielübergreifender Elemente der Sportspiele Basketball, Handball, Fußball, Unihockey und Volleyball werden in allen Spielen gleichzeitig Fortschritte erzielt.

Versandkosten € 2.–; ab einem Bestellwert von € 20.– liefern wir innerhalb von Deutschland versandkostenfrei.

hofmann. VERLAG
Steinwasenstraße 6–8 • 73614 Schorndorf
Telefon (0 71 81) 402-0 • Fax (0 71 81) 402-111
www.hofmann-verlag.de
hofmann@svk.de

Bibliografische Information der
Deutschen Nationalbibliothek

Die Deutsche Nationalbibliothek verzeichnet diese Publikation in der Deutschen Nationalbibliografie; detaillierte bibliografische Daten sind im Internet über http://dnb.d-nb.de abrufbar.

Bestellnummer: 2933

www.hofmann-verlag.de

3. Auflage 2021

Erschienen als Band 3 der
Reihe Burner Motion

Fotos: Christian Rosenberger
Layout: Mirjam Stücker-Allenspach

Druck: Druck- und Kalender-Marketing Sosset GmbH, Kißlegg

Printed in Germany
ISBN 978-3-7780-2933-6

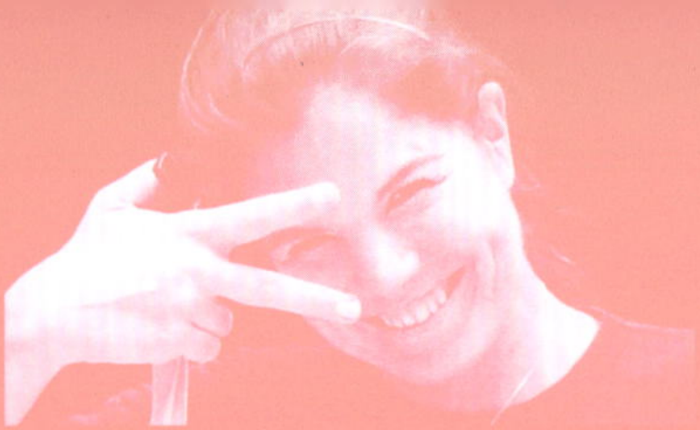

Burner Games Revolution

Burner Games sind attraktive kleine Spiele, die viel Spaß und Spannung in den Sportunterricht bringen. Inspiriert von emotionalen Momenten aus Filmen, Computerspielen, Fernsehshows, Volksfesten und großen Wettkämpfen begeistern die Games auch Bewegungsmuffel. Die Spiele sind sehr einfach zu organisieren und zu leiten, stärkere und schwächere Spielende sind stets gut eingebunden. Im Zentrum stehen immer Freude an der Bewegung und Spannung im Spiel.

Muriel Sutter

Bereits in jungen Jahren verbrachte ich jede freie Minute mit verschiedenen Ballsport-Disziplinen. Im Laufe meiner Ausbildung spezialisierte ich mich zunächst weiter in den Sportspielen und konnte bereits sehr früh in die Unterrichtstätigkeit einsteigen. Im Laufe der letzten Jahre konnte ich zahlreiche und qualifizierte Engagements an Schule, Universität und Lehrerfortbildung wahrnehmen. Im Rahmen von Burner Motion entwickle ich Lehrmittel, Produkte und Events für mehr Bewegung im Alltag.

www.burnermotion.ch

9 783778 029336